Deutsch als Fremdsprache für Jugendliche

Arbeitsbuch B1
Zertifikatsniveau

von
Susy Keller
Ute Koithan

in Zusammenarbeit mit
Hermann Funk
Michael Koenig

Langenscheidt

Berlin · München · Wien · Zürich · New York

Von
Susy Keller und Ute Koithan

in Zusammenarbeit mit
Hermann Funk und Michael Koenig

Redaktion: Lutz Rohrmann
Layoutkonzept: Andrea Pfeifer
Illustrationen: Martin Guhl und Theo Scherling
Umschlaggestaltung: Andrea Pfeifer unter Verwendung eines Fotos von Vanessa Daly

Autoren und Verlag danken Maruska Mariotta und allen, die **geni@l** B1 erprobt, begutachtet sowie mit wertvollen Anregungen zur Entwicklung des Lehrwerks beigetragen haben.

#
Deutsch als Fremdsprache für Jugendliche

B1 Materialien

Kursbuch B1	47530	Lehrerhandbuch B1	47532
CD zum Kursbuch B1	47534	Testheft B1 mit CD	47538
Arbeitsbuch B1	47531	Intensivtrainer B1	47539
CD zum Arbeitsbuch B1	47536		

Die Glossare zu **geni@l** B1 sind im Internet unter
www.langenscheidt.de/geni@l abrufbar.

Symbole in **geni@l** B1:

🚑 Hier gibt es Hilfe. Versuche die Aufgabe aber erst ohne die Hilfe.

2 Die folgenden Aufgaben kann man nach Aufgabe 2 im Kursbuch bearbeiten.

🎧 Zu dieser Aufgabe gibt es eine Tonaufnahme.

✏️ Hier soll ins Heft geschrieben werden.

🔍 Diese Aufgabe beschäftigt sich besonders mit der sprachlichen Form.

🖱️ Hier gibt es im Lehrerhandbuch Hinweise für Internetprojekte.

🔄 Projektarbeit.

Besucht auch unsere Homepage **www.langenscheidt.de/geni@l**

Umwelthinweis: gedruckt auf chlorfrei gebleichtem Papier

© 2004 Langenscheidt KG, Berlin und München
Das Werk und seine Teile sind urheberrechtlich geschützt. Jede Verwertung in anderen als den gesetzlich zugelassenen Fällen bedarf deshalb der vorherigen schriftlichen Einwilligung des Verlages.

Printed in Germany
ISBN 978-3-468-47531-3

INHALTSVERZEICHNIS

Einheit 1	4
Einheit 2	12
Einheit 3	18
Einheit 4	24
Plateau 1 – Testtraining und Lese-Ecke	**30**
Einheit 5	36
Einheit 6	44
Einheit 7	52
Einheit 8	62
Plateau 2 – Testtraining und Lese-Ecke	**70**
Einheit 9	76
Einheit 10	82
Plateau 3 – Testtraining und Lese-Ecke	**90**
Fit in Deutsch (Einheit 1) – Lösungen	104
Testtraining – Lösungen	105
Fit in Deutsch / Testtraining – Auswertung	108
Informationen zum Zertifikat Deutsch: schriftliche Prüfung	110
Quellen	111

Sprachen

Die Erfindung der Schrift

Mit der Schrift können wir Geschichten und Ereignisse festhalten und sie für später konservieren. Die Schrift ist für den Handel und die Industrie genauso wichtig wie für künstlerische und kreative Berufe. Doch wie ist die Schrift entstanden? Wer hat sie erfunden?

__e3__ Vor etwa 50 000 Jahren haben die Menschen zum ersten Mal versucht, ihre Geschichten und Wünsche zu dokumentieren. In der Altsteinzeit haben sie in Höhlen Bilder an die Wand gemalt, die verschiedene Szenen, Tiere und Personen zeigen. Diese Bilder kann man in vielen Ländern noch heute sehen.

__d5__ Besonders bekannt ist die Schrift aus dem alten Ägypten: die „Hieroglyphen". Sie entstand vor ungefähr 5000 Jahren und hatte noch keine Buchstaben. Viele Symbole zeigen Personen und Gegenstände, die eine bestimmte Bedeutung haben. Wir können diese Schrift noch heute in alten ägyptischen Tempeln oder auf Dokumenten aus Pergament sehen.

__b1__ Im 4. bzw. 3. Jahrtausend vor Christus entwickelten die Sumerer in Mesopotamien (dem heutigen Irak) eine eigene Schrift. Sie hatte ca. 600 Zeichen. Die Menschen haben ein Stück Holz (den Keil) benutzt, mit dem sie die Zeichen in Tafeln aus Ton kratzten.

__f2__ Die Buchstaben wurden um 2000 v. Chr. erfunden. Das erste Alphabet haben die Phönizier entwickelt. Ihm folgte das griechische Alphabet um 800 v. Chr. Dieses System hatte den großen Vorteil, dass es Konsonanten und Vokale hatte. Alle späteren Schriften sind Varianten der griechischen Buchstaben.

__c6__ Um 1440 hatte Johannes Gutenberg in Mainz eine sensationelle Idee. Er benutzte einzelne Buchstaben aus Metall statt fester Holztafeln. Die Buchstaben waren wieder verwendbar und man konnte nun Bücher in großer Zahl produzieren, die viele Menschen kaufen konnten.

__a4__ Beim Schreiben von Texten spielt der Computer heute eine besondere Rolle. Viele Menschen schreiben E-Mails, lesen Homepages oder chatten. Sie benutzen dabei sehr viel Schrift. Trotzdem gibt es große Konkurrenz für die Schrift, z. B. das Fernsehen, Video, Radio usw.

1

1 Sieh dir die Bilder an und lies den Text.
  a Welches Bild (a–f) passt zu welchem Textabschnitt?
  b Welche Überschrift (1–6) passt zu welchem Text?

  1. Die Keilschrift   3. Die Höhlenmalerei   5. Die ägyptische Schrift
  2. Die Alphabete   4. Die Schrift von heute 6. Der Buchdruck

2 Lies die Aussagen. Steht das so im Text? Kreuze an: richtig oder falsch?

  1. Die Höhlenmalerei war das erste Alphabet der Menschen.   [r] ☒
  2. Die Phönizier haben die Hieroglyphen erfunden.   [r] ☒
  3. Für die Keilschrift braucht man ein Stück Holz und eine Tontafel. ☒ [f]
  4. Die Buchstaben sind ca. 4000 Jahre alt.   ☒ [f]
  5. Das griechische Alphabet hatte nur Konsonanten.   [r] ☒
  6. Mit Gutenbergs Methode konnte man Bücher billiger produzieren. ☒ [f]
  7. Viele Medien brauchen keine Schrift.   ☒ [f]

3 Ergänze die Sätze mit den passenden Wörtern. Die Texte auf Seite 4 helfen.
Manche Wörter musst du verändern.

das Alphabet – das Bild – das Buch – ~~der Buchstabe~~ – der Computer – erfinden – das Holz – ~~malen~~ – das Metall – ~~die Schrift~~ – der Ton – der Vokal – das Zeichen

Auf der ganzen Welt wird die ___Schrift___ jeden Tag benutzt. Sie sieht in vielen Ländern unterschiedlich aus. Sie besteht aus verschiedenen ___Buchstaben___ oder ganz anderen ___Zeichen___. Aber wir benutzen sie alle, um wichtige Dinge aufzuschreiben. Die ersten Zeichen finden wir in Höhlen. Es sind ___bilder___, die die Menschen an die Wände ___gemalt___ haben. Viele tausend Jahre später haben die Ägypter ihre Schrift ___erfunden___, die Hieroglyphen. Viel weniger Zeichen hatte die Keilschrift. Die Zeichen wurden mit einem Stück ___Holz___ auf eine Tafel aus ___Ton___ geschrieben. Unser heutiges ___Alphabet___ haben zuerst die Griechen entwickelt. Es hatte _____ und Konsonanten. Johannes Gutenberg aus Mainz benutzte als erster einzelne Buchstaben aus _____. Damit erfand er eine neue Art, ___Bücher___ billiger zu produzieren. Heute haben wir ganz neue Medien und trotzdem schreiben wir immer noch, z. B. mit dem ___Computer___ E-Mails.

4 Fit in Deutsch? – Hier kannst du dich selbst testen. Viel Spaß und Erfolg.

– Bearbeite erst die Aufgaben 1–11. Kontrolliere dann deine Lösungen (S. 104) und notiere die Punkte. Ergänze zum Schluss die Auswertung auf Seite 108.
– Jede Aufgabe besteht aus drei Teilen.

☺☺☺	Alle drei richtig:	3 Punkte
☺☺	Zwei richtig gelöst:	2 Punkte
☺	Ein Teil richtig:	1 Punkt
☹☹☹	Nichts richtig:	2 Minuspunkte

Aufgabe 1

Betrachte die Textausschnitte.
Um welche Themen geht es in den Texten a–c?
Notiere den Buchstaben des Textes
beim passenden Thema.

1. _a_ Taschengeld   4. ____ Ferien
2. ____ Feiertage   5. ____ Wohnen
3. _b_ Familie   6. _c_ Essen

Punkte: ____

a

Mein Taschengeld reicht aus. Ich bekomme 15 Euro Taschengeld im Monat von meinen Eltern. Ich finde, das ist zu wenig. Ich hätte gern 20.
Kino, Popcorn, Hamburger, alles ist teurer als früher. Alle anderen Jugendlichen bekommen mehr als ich. Schulsachen kaufen mir meine Eltern, aber wenn ich für mehr als zehn Euro im Monat telefoniere, muss ich selbst bezahlen. Manchmal schenkt mir mein Vater ein paar Euro extra Taschengeld. Ich gehe einkaufen, putze, helfe meinen Eltern. Dann reicht es gut.

b

Alexandra berichtet, wie sie wohnt.
Ich wohne mit meiner Mutter zur Miete in einem Haus mit vier Stockwerken. Die Wohnung ist nicht billig, aber auch sehr groß. Sie hat 140 Quadratmeter und ist sehr schön. Wir haben auch einen Balkon, der nach hinten zum Hof geht, und unsere Nachbarn sind sehr nett. Ich habe auch ein eigenes Zimmer, das gefällt mir sehr. Aber am besten finde ich unsere große Küche. Da sitzen wir oft zusammen mit Freunden und essen oder spielen zusammen.

c

Heute wollen wir euch ein bisschen über das wichtigste Fest in Deutschland berichten. Am Heiligabend, dem 24. Dezember, gehen viele Menschen zuerst in die Kirche. Danach feiern Eltern, Kinder und Großeltern zu Hause. Sie sitzen zusammen, essen, singen und spielen. Die Kinder freuen sich auf die Geschenke, die manchmal der „Weihnachtsmann" persönlich bringt. Der 25. und 26. Dezember sind der erste und zweite Weihnachtsfeiertag. Man besucht Verwandte und fast überall gibt es ein traditionelles Essen, z. B. die „Weihnachtsgans".

Aufgabe 2

Schreibe die passenden Fragen zu diesen Antworten.

1.
a) Ja, ich habe eine Schwester.
b) Ja, ich finde, dass Rap Klasse ist.
c) Nein, ich komme nicht mit ins Kino.

1 P

2.
a) Das ist Herr Schmidt.
b) Er kommt aus Graz.
c) Das liegt in Österreich.

1 P

3.
a) Es schmeckt super.
b) Sie ist in die Schweiz gefahren.
c) Ich spare für ein Fahrrad.

1 P

Punkte: ____

Aufgabe 3

Adjektivendungen: Nominativ oder Akkusativ?

1. ● Den neu__en__ Rock von Sabine finde ich hässlich.
   ○ Ach ja? Ich mag modern__e__ Röcke. 1 P
2. ● Wie gefällt dir die letzt__e__ CD von Anastasia?
   ○ Hast du schon wieder eine neu__e__ CD gekauft? 1 P
3. ● Meine Musiklehrerin hat total lang__e__ Haare.
   ○ Kurz__e__ Haare sind viel schöner. 1 P

Punkte: _____

Aufgabe 4

Ordne die Äußerungen 1–12 den Situationen a–c zu.

1. Es geht mir ganz gut.
2. Ich nehme einen Hamburger.
3. Können Sie mir sagen, wo die Post ist?
4. Ich habe Kopfschmerzen.
5. Ich habe gute Laune.
6. Und ich möchte eine Portion Pommes.
7. Entschuldigung, wo ist der Bahnhof?
8. Ich bin wütend.
9. Und eine Cola, bitte.
10. Wie komme ich zum Zentrum?
11. Ich bin krank.
12. Für mich eine Pizza mit Salami, bitte.

a) sagen, was du möchtest b) sagen, wie es dir geht c) nach dem Weg fragen
_____   __1_____   _____

1 P 1 P 1 P

Punkte: _____

Aufgabe 5

Weil oder *aber*? Ergänze die Sätze.

1. Ich spiele gerne am Computer, _____ die Spiele so spannend sind. 1 P
2. Das Spielen macht Spaß, _____ meine Eltern sind dagegen. 1 P
3. Ich spiele oft bei meinem Freund, _____ seine Eltern nicht meckern. 1 P

Punkte: _____

Aufgabe 6

Wörter und Themen. Ordne die 20 Wörter den drei Themen zu.

lecker – Fußball – Bratwurst – laufen – tragen – essen – verlieren – Olympiade – anziehen – Restaurant – springen – Schuhe – gewinnen – eng – Hamburger – Jacke – fett – Tennis – passen – schmecken

🥖 Essen 🥖   Sport   👕 Kleidung 👕
1 P   1 P   1 P

Punkte: _____

Aufgabe 7

Du hörst drei Textausschnitte. Zu welchen Themen gehören sie? Ordne zu.

Reisen – Freunde – Kleidung – Krankheit – Medien

Text 1: _Reisen_____ 1 P   Text 2: _Medien_____ 1 P   Text 3: _Freunde_____ 1 P

Punkte: _____

Aufgabe 8

Höre die Aussagen. Was antwortest du: a, b oder c? Notiere.

Situation 1

[a] Ja, der Zug ist schon weg.
[b] Nein, er kommt gerade an.
[c] Es ist 17.15 Uhr.

_a_ 1 P

Situation 2

[a] Wir haben Pause.
[b] Ja, in der Pause.
[c] Nein, ich esse in der Pause.

_B_ 1 P

Situation 3

[a] Geradeaus und dann rechts.
[b] Der Supermarkt ist hier links.
[c] Nein, die ist schon geschlossen.

_A_ 1 P

Punkte: _____

Aufgabe 9

Lies die Informationen in den Sätzen. Wie heißen die passenden Feiertage?

1. Das wichtigste Fest in Deutschland ist [?]. Viele Menschen gehen in die Kirche und feiern mit ihren Familien. Heiligabend bekommen die Kinder ihre Geschenke. 1 P
2. [?] ist ein Fest im Frühling. Typische Symbole sind der Hase und das Ei. 1 P
3. Für die Kinder und Jugendlichen ist der [?] ein ganz wichtiger Tag. Viele machen eine Party und laden ihre Freunde ein. Ganz wichtig sind auch die Geschenke. 1 P

Punkte: _____

Aufgabe 10

In Archies Text sind 6 Fehler. Markiere und korrigiere sie.

Liebe Anita,
heute war es wieder total lustig mit meinem Opa Herbert. Er ist wirklich echt cool.
Zuerst haben wir lange durch den Park gegangen und mein Opa hat von früher erzählt. Das ist immer super, weil er Geschichten über mein Vater erzählt. Ich kann mir gar nicht vorstellen, dass mein Vater mal jung war.
Er muss aber viel schlimm als ich gewesen sein.
Dann sind wir zur Kirmes gegangen und haben 30 Euro für den Autoscooter ausgegeben.
Danach war mir total schlecht und ich hat Kopfschmerzen.
Aber nach ein paar Minuten war wieder alles okay. Schade, der Sontag war zu schnell vorbei.
Aber meinen Opa musst du kennen lernen, weil er ist so Klasse.
Bis bald
Archie

So muss es richtig heißen:

_____ 1 P

_____ 1 P

_____ 1 P

_____ 1 P

_____ 1 P

_____ 1 P

Punkte: _____

Aufgabe 11

der, die, den, das ... – Welche Relativpronomen passen? Ergänze die Sätze.

1. ● Ist das der Test, _____ du letzte Woche geschrieben hast?
   ○ Ja, von unserer Lehrerin Frau Soller, _____ ich nicht mag.   1 P

2. ● Schüler, _____ oft wiederholen, können sich ein Wort, _____ schwer ist, leichter merken.   1 P

3. ○ Auf dem Foto ist mein Onkel Georg, _____ in Bayern wohnt.
   ● Ist das nicht der Onkel, _____ du in den Ferien besucht hast?
   ○ Nein, das ist Onkel Gregor.   1 P

Punkte: _____

Testauswertung:

Zähle deine Punkte bei den Aufgaben 1–11 zusammen und trage sie in die Tabelle ein.

Aufgabe	1	2	3	4	5	6	7	8	9	10	11	Gesamtergebnis
Punkte												

Ergänze auch die Auswertung auf Seite 108.

In Europa sprechen und lernen die Menschen viele verschiedene Sprachen. Sie brauchen die Sprachen in der Schule, für den Beruf, für den Urlaub oder einfach zum Spaß. Jeder Mensch lernt anders und es gibt
5 sehr viele verschiedene Gründe, wann und warum wir eine Sprache lernen. Eine Sprache ist mehr als nur ihre Grammatik. Sie lebt von den Menschen und ihrer Kultur. Wie man eine Sprache lernt, hängt auch davon ab, ob man eine Sprache mag, Leute in den Ländern
10 kennt, das Land besuchen möchte usw.
In Europa hat man ein Instrument entwickelt, das beim Lernen einer Sprache helfen soll: das Europäische Sprachenportfolio (ESP). Es begleitet dein Lernen und zeigt, wie viel du schon kannst, welche
15 Texte, Projekte, Dokumente du bereits bearbeitet hast und wie gut du andere Kulturen und Menschen kennst (Kontakte, Schüleraustausch, Musik etc.). Das Portfolio gibt es für verschiedene Sprachen und seine Struktur ist überall gleich. Das Sprachenportfolio
20 besteht aus drei Teilen.
1. Im **Sprachenpass** gibst du allgemeine Informationen zu Sprachen an, die du lernst, kannst, sprichst usw. Was kannst du? Wie lange und wo lernst du? Welche Prüfungen hast du schon gemacht?

25 2. Die **Sprachenbiografie** ist eine Art Tagebuch. Du kannst dich über längere Zeiträume selbst bewerten und beschreiben, was du im Laufe der Zeit alles gelernt hast. Wichtig ist auch, dass du deine Ziele beschreibst, d. h., was und wie du lernen
30 willst. Du bekommst Ideen, wie du dein Lernen planen kannst. Neben dem Lernen kannst du dokumentieren, wie du Sprache benutzt und welche Erfahrungen du mit anderen Kulturen machst (Brieffreunde, Medien, Musik, Klassenfahrten,
35 Urlaub ...).
3. Das **Dossier** ist eine Art Sammelmappe für deine Aufsätze, Briefe, Lernplakate oder Spiele, also alle Dokumente, die du in der fremden Sprache produziert hast. Du findest deine Materialien so
40 leicht wieder und kannst sie für neue Projekte verwenden.
Im Arbeitsbuch von *geni@l B1* hast du auch die Möglichkeit, dich selbst zu beurteilen. Dafür haben wir wichtige Aspekte aus dem Portfolio zusammenge-
45 stellt. Hier kannst du für jede Lektion notieren, was du wann gemacht und gelernt hast (**Lerntagebuch**) und wie du neben deinem Unterricht Deutsch benutzt (**Ausstiege**).

Lerntagebuch	
Datum	
09.10.05	20 Vokabeln in Gruppen gelernt. Einen Europanto-Text geschrieben. Lustig!
12.10.05	20 Vokabeln wiederholt. 5 Vokabeln noch schwer. Morgen noch einmal.

Ausstiege (Internet/Lektüren/Schreibansätze/Projekte …)	
Datum	
09.10.05	Projekt „Kennenlernen". Schüler besuchen sich. Marcel und ich haben uns wie in einer Fernsehshow vorgestellt. M. ist sehr nett!
10.10.05	Selbst Stichwörter aufgeschrieben – mit Anja getauscht. Sätze geschrieben.
13.10.05	Portfolio auf Deutsch/Englisch/Französisch im Internet angesehen.

Bei der **Selbstevaluation** kannst du deine Kenntnisse beurteilen. Was kannst du auf Deutsch schon alles machen? Trage für jede Lektion die Aufgaben aus dem Kursbuch/Arbeitsbuch ein und beurteile dich selbst. Kannst du das „sehr gut" ☺, ziemlich gut" ☺, „nicht so gut" ☹?

Selbstevaluation	Aufgabe/n	Evaluation
Ich kann die wesentlichen Inhalte in längeren Texten verstehen.	K 2, A 1	☺ ~~☺~~ ☹
Ich kann Informationen über den Textinhalt überprüfen.	A 2	~~☺~~ ☺ ☹
Ich kann das Thema von einfachen Texten erkennen, wenn ich den Text nur kurz sehe/höre.	A 4.1	~~☺~~ ☺ ☹
Ich kann Redemittel zu einfachen Situationen erkennen.	A 4.4	☺ ~~☺~~ ☹
Ich kann **meine Meinung zum Thema „Sprechen" sagen.**		~~☺~~ ☺ ☹

In den letzten beiden Teilen geht es um den **Wortschatz** und die **Grammatik** einer Einheit. Wortschatz: Diese Themen findest du in der Lektion. Welche Aufgaben im Kursbuch (K) und Arbeitsbuch (A) hast du dazu gemacht? Wie gut kannst die Wörter zu diesem Thema?

Wortschatz		
Ich kenne wichtige Wörter zum Thema „Grammatik und Strukturen".	K 11	☺ ~~☺~~ ☹

Grammatik: Das sind die grammatischen Themen in der Lektion. Notiere die Aufgaben aus dem Kurs- und Arbeitsbuch, die du gemacht hast. Ist das Thema leicht, in Ordnung oder eher schwer?

Grammatik		
Ich kenne die Präpositionen mit Dativ.	K 11	☺ ☺ ~~☹~~

Wenn du mit der Beurteilung fertig bist, kannst du gut deine Stärken und deine Schwächen sehen. Plane danach dein weiteres Lernen: Was möchtest du wiederholen? Was möchtest du mehr üben? Wie willst du weitermachen? Mache einen Plan und schreibe im Lerntagebuch auf, wie dein Plan funktioniert hat.

Viel Spaß und Erfolg beim Lernen mit *geni@l B1*!

Jugend forscht

Erfindungen der Welt

A

Das erste [?] wurde 1885 von Gottlieb Daimler und Karl Benz präsentiert. Der neue Motor, der Ottomotor, funktionierte jetzt mit Benzin. Früher wurde Gas benutzt. Das war gefährlicher und komplizierter. Jetzt konnte man frei von A nach B fahren. Der Motor war stark genug, um die Maschine und zwei Personen zu bewegen. Das [?] revolutionierte die Geschichte der Mobilität. Heute können wir nicht ohne [?] leben, trotzdem gibt es viele Probleme, die durch sie erzeugt werden.

das Automobil

B

Wut macht erfinderisch – 1835, Saratoga Springs (USA), Moon's Lake Gästehaus: George Crum, der Küchenchef, hatte sich sehr über einen Gast geärgert. Der mochte seine Pommes frites nicht. „Die sind viel zu dick und matschig. Außerdem fehlt das Salz!", hatte der Gast gesagt. Crum ging wütend in seine Küche, nahm eine Kartoffel, schnitt sie in sehr dünne Scheiben, frittierte die Scheiben schön braun und gab am Ende sehr viel Salz dazu. Der Küchenchef servierte die neue Kreation und der Gast probierte die erste Scheibe. Er lächelte zufrieden und griff nach der zweiten Scheibe. Laut Statistik konsumiert ein Amerikaner heute ca. drei Kilogramm von diesen Kartoffelscheiben pro Jahr – den [?].

1 Lies die Texte A–F. Was wurde hier erfunden? Schwer? Hier findest du Hilfe ↓.

das Ketchup – die Milchschokolade – der Whirlpool – die Kartoffelchips – das Auto(mobil) – der Teebeutel

2 Alles gelogen! Vergleiche die Aussagen 1–6 mit den Texten A bis F. Was ist falsch? Korrigiere die Aussagen.

1 Herr Daimler und Herr Benz arbeiteten mit dem neu entwickelten Petermotor, der Gas verbrauchte.

2 Kartoffeln werden in dicke Scheiben geschnitten, gesalzen und dann gekocht. Das ist die Erfindung von George Crum aus dem Jahre 1835.

3 Candido Jacuzzi wurde mit der Erfindung des Swimmingpools reich. Er baute welche für Millionäre in Amerika.

4 Lange hatte Thomas Sullivan an seiner Erfindung gearbeitet. Und endlich konnte er sie seinen Kunden 1904 präsentieren. Die haben die Idee aber nicht sofort verstanden.

5 Die Chinesen haben 1878 in Amerika die Worcestersauce erfunden. Harry Heinz hat sie dann nach Europa exportiert.

6 Daniel Peter mischte Kondensmilch und Schokolade. Das neue Produkt war leider so bitter, dass fast niemand es kaufen wollte.

1. Es stimmt nicht, dass der neue Motor Petermotor heißt. Falsch ist auch, dass der Motor Gas verbraucht. Richtig ist, dass der Motor Ottomotor heißt und Benzin verbraucht.

C

Wer heute ein Luxus-Badezimmer haben möchte, der hat ihn – den [?]. Das warme Bad entspannt und macht Spaß. Der Erfinder Candido Jacuzzi arbeitete seit 1917 im Maschinengeschäft seiner Brüder mit. Ihre Spezialität waren Pumpen für Swimmingpools. Jacuzzis Sohn Kenneth hatte schon sehr jung eine schwere Krankheit, rheumatische Arthritis, und seine Schmerzen wurden mit einer Wassertherapie behandelt. Damit der Junge auch zu Hause die Therapie machen konnte, baute ihm sein Vater den ersten [?], für den er die Pumpen der Swimmingpools leicht veränderte. In den 50er und 60er Jahren wurden diese [?] in Amerika sehr beliebt und 1975 verkauften die Brüder Jacuzzi ihre Firma für 70 Millionen Dollar. Doch der Name des Erfinders wird auch weiter bekannt bleiben, denn in Amerika heißt der [?] „Jacuzzi".

D

Der [?] ist 1904 aus einem Missverständnis erfunden worden. Der Tee-Importeur Thomas Sullivan lieferte seinen Kunden die neuen Teesorten, damit sie sie probieren konnten. Meistens wurde der Tee in Dosen verschickt. Die Dosen waren schwer und die Pakete waren relativ teuer. Also schickte Sullivan den Tee dieses Mal in kleinen, leichten Säckchen aus Seide. „Das ist aber eine praktische Idee", dachten seine Kunden und legten die Säckchen direkt in die Teekanne. Dann noch das heiße Wasser in die Kanne und fertig war der Tee. So wurde aus Sparsamkeit eine gute Geschäftsidee, der [?].

E

Wer kennt die rote Sauce, die so gut zu Pommes frites und zu Hamburgern passt, nicht: das [?]? Die Legende erzählt, dass die pikante Sauce aus Tomaten, Essig und Zucker eine Erfindung des Deutschamerikaners Harry Heinz sein soll. Der hatte diese Sauce ab 1878 industriell produziert und ihr ihren Namen gegeben. Tatsache ist aber, dass man in China schon um 1690 eine dunkle, gesüßte Sojasauce namens *ketsiap* zu Fisch und Geflügel aß. Im Gepäck der Reisenden des 18. und 19. Jahrhunderts gelangte die Sauce nach Europa und Amerika, wo der Geschmack verändert wurde. In England entstand aus ketsiap die Worcestersauce, in Amerika tauchten in Kochbüchern die ersten Rezepte für Tomato Catsup auf. Der findige Harry Heinz verwandelte das Hausrezept nur in ein Industrieprodukt.

F

Der Schweizer Daniel Peter (1836–1919) erfand eine Methode zur Herstellung von [?]. Vor ihm hatten bereits viele Schokoladehersteller versucht, [?] zu produzieren, doch alle Versuche scheiterten, bis 1875 Peter der Durchbruch gelang: Er vermischte die Schokolade mit Kondensmilch, die sieben Jahre zuvor Henri Nestlé erfunden hatte. Die Kreation der [?] hatte verschiedene positive Auswirkungen: Man brauchte weniger von der teuren Kakaobutter, die Schweizer Bauern hatten einen weiteren Absatzmarkt für ihre Milch und die Schokolade war jetzt durch die Milch nicht mehr bitter. Konsequenz: Die Nachfrage stieg enorm an.

3 Willst du mehr wissen?

Suche eine Erfindung aus (z.B. im Internet) und beschreibe sie in deinen Worten. Stelle die Erfindung in der Klasse vor, ohne den Namen zu nennen. Kann sie jemand erraten?

www.wdrmaus.de/sachgeschichten/ • www.schweiz-in-sicht.ch/de/19_schokolade/19_pioniere.htm • www.europa4young.de/einstein.htm#Belgien • www.goethe.de/z/jetzt/dejzus16/dejzus16.htm#findig

4

4 Suchen, tüfteln und erfinden – Wie heißen die Verben zu den Nomen?

1. die Erfindung
2. das Interesse
3. die Messung
4. der Test
5. die Teilnahme
6. das Training
7. das Experiment
8. die Forschung

> 1. erfinden 2. sich ...

5 Was gehört zusammen? Ordne zu und schreibe die Ausdrücke.

ermöglichen – gewinnen – durchführen – teilnehmen – wecken – fördern

1. an einem Wettbewerb ...   2. das Interesse ...   3. den Nachwuchs ...
4. einen Preis ...   5. ein Experiment ...   6. die Teilnahme ...

5

6 Informationen zu „Jugend forscht" – Ergänze die Genitivformen.

1. Die Ideen d*er* Jugendlichen werden bei „Jugend forscht" prämiert. 2. Das Ziel d*es* Wettbewerb*s* ist es, Interesse an den Naturwissenschaften zu wecken. 3. Das Alter d*er* Teilnehmer liegt zwischen 14 und 21 Jahren. 4. Der Anteil d*er* Mädchen lag 2003 bei 37 Prozent. 5. Die Prämie e*ines* Gewinners liegt zwischen 75 und 1800 Euro. 6. „Jugend forscht" ist der größte Wettbewerb Europa*s* .

7 Erfinder-Tagebuch – Ergänze die Artikel und Possessivartikel im richtigen Kasus.

Ich habe mich heute wieder mit __meinen__ Freunden von d*er* Erfinder-AG getroffen. Das ist e*ine* Hobby-Gruppe u*nserer* Schule. Wir treffen uns zweimal in d*er* Woche und überlegen, was wir bauen können. Wir überlegen, was d*en* Menschen fehlt. Was brauchen wir noch? Wo gibt es e*in* Problem? Im letzten Monat haben wir e*in* Video gesehen. Das war e*ine* Sendung über d*as* Thema Erfindungen. Ich fand das total interessant. Da gab es z. B. d*as* Kleid e*iner* Frau, die alles aus altem Filmmaterial genäht hat. Das ist e*ine* geniale Idee für Fasching! Oder Solarboote oder Tipps zum Lernen. Das waren alles gute Erfindungen. M*eine* Erfindungen und alle Experimente m*einer* Freunde haben noch nicht so gut funktioniert. Aber u*nsere* Ideen sind auch gut. Du musst gut sein in d*en* Fächern Mathe, Chemie oder Bio und Physik. Und wir lernen viel bei d*en* Treffen.

8 Was wird wo gemacht? Finde in 1–6 die Partizip-II-Formen und schreibe die Sätze. Schwer?

1. Hier wird uhetcsg, eufrtsg und eerecnighbs: Internet
2. Hier wird aneflegu, oenfwger und genupgsrne: Bundesjugendspiele
3. Hier wird azetgnt, eeergtd, haectlg: Party
4. Hier wird beügt, ertteaeigb und neetrlg: Schreibtisch
5. Hier wird ehugcst, ötergh, kigutafene: CD-Laden
6. Hier wird eeelgsn, eguleaehsin und ueüeekczbrgng: Bücherei

1. Im Internet wird gesucht, gesurft und geschrieben.

arbeiten, ausleihen, einkaufen, hören, lachen, laufen, lernen, lesen, reden, schreiben, springen, suchen, surfen, tanzen, üben, werfen, zurückgeben

9 Der Snob – Was wird alles für ihn gemacht? Ergänze den Text. Höre zur Kontrolle.

1. Ich __werde__ mit Musik __geweckt__ (wecken).
2. Das Frühstück __wird__ mir ans Bett __gebracht__ (bringen).
3. Dann __werd__ ich in die Schule __gefahren__ (fahren). 4. Zum Mittagessen __werden__ zehn Gerichte für mich __gekocht__ (kochen). 5. Mein Nachmittag ist immer gleich. Ich habe frei, denn meine Hausaufgaben __werden__ von meinem Privatlehrer __gemacht__ (machen).
6. In meinem Haus __werden__ täglich Partys __gefeiert__ (feiern). 7. Dafür __werden__ die leckersten Sachen __eingekauft__ (einkaufen) und die besten DJs __eingeladen__ (einladen).

8. In den Ferien __werden__ alle meine Freunde __abgeholt__ (abholen) und wir __werden__ mit meinem Jet in den Süden __geflogen__ (fliegen). 9. Ihr seht, dass es mir richtig gut geht. 10. Es __wird__ alles __gekauft__ (kaufen), was ich haben will. Ich __werde__ von allen __geliebt__ (lieben).

10 Erfindungen der Welt – Wozu brauchen wir diese Dinge?

1.	2.	3.	4.	5.	6.
Eine Brille braucht man, um *besser zu sehen*.	Ich brauche ein Fahrrad, um *schneller zu gehen*	Eine Schere braucht man, um *besser zu schneiden*	Wir sehen fern, um *besser auspassen haben*	Das Besteck brauchen wir, wenn *essen*	Papier braucht man, um *schreiben*

11 Wozu …? Um zu …!

a Höre die Interviews und mache Notizen. Wer macht was wozu?

b Schreibe Sätze wie im Beispiel.

1. Computer – Internet – brauchen – surfen
   <u>Caroline braucht einen Computer,</u>
   <u>um im Internet zu surfen.</u>

2. gut – regelmäßig – Tests – lernen – schreiben
   Sie lernt *gut regelmäßig für Tests zu schreiben*

3. ~~verschicken~~ – malen – Weihnachten – Postkarten
   Sie *salt Postkarten für Weihnachten verschicken*

4. Taschengeld – arbeiten – haben – mehr
   Timo arbeitet, um *Supermarket weil er mehr taschengeld haben*

5. DVD-Player – sparen – neu – kaufen
   Timo ispart er,
   um einen neuen *DVD-player kaufen*

6. bekommen – lesen – Bücher – Informationen
   Bonny *liest Bücher für mehr Informationen bekommen.*

7. Frankreich – die Sprache – nach – fahren – lernen
   Bonny *fahrt im Summer nach Frankreich*
   um nach *die Sprache lernen muss*

Lerntagebuch

Datum

Ausstiege (Internet/Lektüren/Schreibansätze/Projekte ...)

Datum

Selbstevaluation	Aufgabe/n	Evaluation
Ich kann in einem kurzen Bericht zum Thema „Erfindungen" die wesentlichen Inhalte verstehen.		☺ ☻ ☹
Ich kann berichten, wie etwas gemacht oder hergestellt wird.		☺ ☻ ☹
Ich kann berichten, wozu man etwas braucht oder benutzt.		☺ ☻ ☹
Ich kann ...		☺ ☻ ☹

Wortschatz

Ich kenne Wörter zum Thema „Wettbewerbe".		☺ ☻ ☹
Ich kenne Wörter zum Thema „Forschung und Erfindungen".		☺ ☻ ☹

Grammatik

Ich kann Sätze mit *um ... zu* bilden.		☺ ☻ ☹
Ich kann den Genitiv mit Nomen verwenden.		☺ ☻ ☹
Ich kenne das Passiv.		☺ ☻ ☹

Alles, was ich liebe

Fange den Augenblick

Furcht vor morgen,
Angst vor dieser Nacht,
Langweile von gestern,
5 das wäre ja gelacht.

Fange den Augenblick,
vergiss die rasende Zeit!
Schau mir in die Augen,
gehen wir den Weg zu zweit.
10 All meine Gedanken sind nur bei dir.
Ein Rätsel: Gefühle zwischen dir und …

Lust auf morgen,
Neugier auf diese Nacht,
Spaß von gestern,
15 Zeit mit dir verbracht.

Fange den Augenblick,
vergiss die rasende Zeit!
Schau mir in die Augen.
gehen wir den Weg zu zweit.
20 All meine Gedanken sind nur bei dir.
Ein Rätsel: Gefühle zwischen dir und mir.

Fange den Augenblick,
vergiss …

Freude, dich zu sehen,
25 Lust auf den neuen Tag,
Spaß zusammen haben,
ein Risiko gewagt!

Fange den Augenblick,
vergiss die rasende Zeit!
30 Schau mir in die Augen,
gehen wir den Weg zu zweit.
All meine Gedanken sind nur bei dir.
Ein Rätsel: Gefühle zwischen dir und mir.

3

1 *Fange den Augenblick* – Was bedeutet der Titel: a, b, c oder d?

a) Öffne deine Augen. b) Vergiss diesen Moment. c) Halte die Zeit an. ⓓ Schau mir in die Augen.

2 Welchen Titel könnte das Lied in deiner Sprache haben? Mache einen Vorschlag und vergleiche in der Klasse.

Die Rockgruppe PASTELL ist vor neun Jahren in der Gesamtschule in Wuppertal-Ronsdorf entstanden. Sängerin Mona ist von Anfang an in der Gruppe. Die einzelnen Musiker wechselten mehrfach. In der aktuellen Besetzung spielen Mona Schulte (Gesang), Benny Richter (Keyboards), Felix Engel (Schlagzeug), Stefan Lüdorff (Bass), Björn Bogs (Gitarre) und Henrik Freischlader (Solo-Gitarre).
Die meisten Lieder von PASTELL hat Mona getextet und zusammen mit den Musikern komponiert. Benny ist auch Texter und Komponist einzelner Lieder, er übernimmt auch einzelne Rap-Teile in den Liedern. PASTELL hat viele Nachwuchs-Wettbewerbe gewonnen und in vielen europäischen Ländern Konzerte gegeben, z.B. in Frankreich, England, Irland, Dänemark, Luxemburg, in der Schweiz und im Baltikum. Die Gruppe hat vier CDs produziert und ist in vielen Fernsehsendungen aufgetreten.

3 Wer ist wer in der Band? – Lies zuerst den Text und höre dann zu.

Text	Name	Alter	Rolle in der Band
1	Stefan (Lüdi)	?	Er spielt Bass.
2	Mona	19	Sie singt.
3	Benny	20	Er spielt Keyboards
4	Henrik	19	Er spielt Solo-Gitarre
5	Björn	?	Er spielt Gitarre
6	Felix	?	Er spielt Schlagzeug

4 Wer liebt was/wen ganz besonders? Höre noch einmal und notiere die Namen.

1. __Benny__ spielt Basketball und mag Skaten.
2. _____ mag auch klassische Musik.
3. _____ findet Red Hot Chilli Peppers besonders gut.
4. _____ joggt gerne.
5. _____ hat nur ein Hobby: die Musik.
6. _____ mag Golf und Fußball.
7. _____ geht gerne auf Reisen.
8. _____ möchte gemütlich und ohne Stress leben.
9. _____ trifft sich oft und gerne mit Freunden.
10. _____ mochte schon als Kind sein/ihr Instrument.
11. _____ nimmt sogar seine/ihre Gitarre mit ins Bett.
12. _____ tanzt gerne auf Partys.
13. _____ geht gerne ins Kino und mag Filmmusik.

5 Gefühle und Ratschläge – Suche im Liedtext und mache eine Tabelle im Heft.

Gefühle ☺	Gefühle ☹	Ratschläge
Lust auf morgen	...	...

6 Musik beschreiben – Ergänze Jolandas Text mit den passenden Adjektiven.

„Was ich am liebsten höre? Das ist schwer zu sagen. Das hängt von meiner Stimmung ab. Wenn ich schlechte Laune habe, dann höre ich __mel_____ Musik, manchmal sogar richtig __tra_____, wenn ich aber gut gelaunt bin, dann höre ich lieber __frö_____ Musik. Rap mag ich nicht. Ich finde ihn monoton und __lan_____, auch wenn die Texte manchmal ganz __wit____ und __lus___ sind. Jazz und __kla_____ Musik, wie Opern oder Sinfonien, höre ich nie, weil sie mir zu __ans_____ sind. Und wenn ich verliebt bin? Dann gefällt mir fast alles, sogar __kit_____ Schlager, so mit Herz und Schmerz."

7 Träume, Wünsche, Hoffnungen, Ziele – Schreibe Sätze wie im Beispiel.

| Ich möchte mit einem/einer | schön, reich, alt, nett, arm, lustig, attraktiv, gut | Junge, Mädchen, Freund, Freundin, Kind, Rockband, Lehrer, Schauspielerin | einen Liebesfilm drehen / in Urlaub fahren / Kontakt aufnehmen / ein Lied singen / tanzen gehen / Spaß haben / chatten / Fremdsprachen lernen |

Ich möchte mit einem netten Jungen Kontakt aufnehmen.

14

8 Der Fanclub
a Lies den Text. Kreuze an: richtig oder falsch?

„Fanclub-Zentrale" hört sich irgendwie mächtig an. Tatsächlich versteckt sich hinter dieser Bezeichnung – neben einem Stapel CDs und Autogrammkarten, einem vollen Fotoschrank, einem PC für die Beantwortung der Fanpost und Pflege der Internetseiten – vor allem ein Haufen schöner und spannender Erinnerungen. Zum Beispiel an die Konzertreisen mit Pastell nach Frankreich und auf die paradiesische Insel „La Réunion" im Indischen Ozean. Auf diesen Konzertreisen war ich „Mädchen für alles": Fahrer des VW-Busses, Fotograf, Helfer beim Auf- und Abbau der Bühne, Betreuer in den Jugendherbergen, CD-Verkäufer ... ja, ich hatte immer irgendeine Aufgabe!

Zu Hause, in Deutschland, sieht es natürlich anders aus. Da besteht die Fanclubarbeit besonders aus der Betreuung der Internetseiten der Band. Manchmal gibt es einiges zu tun, manchmal fast nichts, aber im Durchschnitt arbeite ich dafür zehn Stunden pro Woche. Der größte Teil der Arbeit an den Internetseiten besteht in der Pflege der Inhalte: Man muss neue Artikel veröffentlichen, neue Fotos anbieten oder einzelne Seiten umgestalten. In der Vergangenheit bedeutete Fanclubarbeit auch das Beantworten von Fanpost. Heute läuft fast alles im Netz, manches per E-Mail, aber das meiste über die Gästebücher auf den Internetseiten, sodass ich sie nur noch an die einzelnen Musiker weiterleiten muss.

Noch etwas über mich? Also, beruflich bin ich Datenbankprogrammierer. Ich fahre in meiner Freizeit oft Inlineskates, höre gern und viel Musik und spiele manchmal auch selbst Gitarre. Ich verbringe auch privat und neben der Fanclubarbeit einige Zeit am Computer und im Internet, wenn ich z.B. neue Lösungen für die Homepage der Band suche.

Matthias Henkel, Fanclub-Zentrale Berlin

Mehr darüber:
www.fanclub-zentrale.de

1. [r] [f]   Matthias erinnert sich besonders gerne an die Konzertreisen ins Ausland.
2. [r] [f]   Auf diesen Reisen darf er manchmal auf der Bühne mitsingen.
3. [r] [f]   Er arbeitet jeden Tag 10 Stunden für die Band.
4. [r] [f]   Er muss vor allem die Internetseiten immer wieder ändern.
5. [r] [f]   Es gibt viel Fanpost, die er aber zum Glück nicht selber beantworten muss.
6. [r] [f]   Fast alle Fans schreiben ihre Kommentare in Gästebücher, die im Internet zu finden sind.
7. [r] [f]   Auch in seinem Hauptberuf hat Matthias mit Computern zu tun.
8. [r] [f]   In seiner Freizeit will er dann aber von PCs und Internet nichts mehr wissen.

b Welche Begriffe/Ausdrücke im Text passen zu 1–8? Markiere im Text und notiere die Zeilen.

1. _Z. 1_ sehr wichtig
2. ____ Name/Wort für etwas
3. ____ viele CDs übereinander
4. ____ viele verschiedene Aufgaben haben
5. ____ aktuell halten
6. ____ Internetseiten, in die die Fans sich eintragen
7. ____ weitergeben
8. ____ neue Ideen für etwas

17

9 *Irgend...* – Ergänze das Gedicht mit Hilfe der Reime. Schreibe dann auf, wie du das Gedicht verstehst.

Irgendw**er**...	Er?
Irgendw_____...	Ohne sie?
Irgendw_____...	Beim Zoo?
Irgendw_____...	Nach Berlin?
Irgendw_____...	Erst dann?
Irgendw_____...	Wieder nur Spaß?
Irgendein ...	Nein!

Susanne, 2003

10 Über Musik sprechen – Aussagen deutscher und österreichischer Komponisten
a Ergänze die Indefinita.

alle – anderes – etwas – ~~man~~ – man – man – nichts

1. ___**Man**___ irrt, wenn m_____ denkt, dass mir meine Kunst so leicht geworden ist.
   Wolfgang Amadeus Mozart (1756–1791)

2. Keine Musik ist e_____ wert, von der m_____ dem Hörer zuerst berichten muss, was darin erlebt ist, was er zu erleben hat.
   Gustav Mahler (1860–1911)

3. Musik ist höhere Offenbarung als a_____ Weisheit und Philosophie.
   Ludwig van Beethoven (1770–1827)

4. Ich denke nur Musik. Ich bin verliebt in die Musik – ich liebe die Musik, ich denke n_____ als sie und an a_____ nur, wenn es mir Musik schöner macht.
   Johannes Brahms (1833–1897)

b Ordne die Zitate 1–4 den Aussagen a–d zu.

___ a) Die Musik lässt uns mehr Dinge erkennen und verstehen als großes Wissen und Nachdenken.

___ b) Nur die Musik zählt oder was uns durch Musik besser gefällt.

___ c) Die Musik hat nur dann Sinn, wenn sie dem Menschen, der ihr zuhört, spontan etwas mitteilt.

___ d) Musik komponieren ist nicht so einfach, wie man glaubt.

18

11 Demonstrativa: *dies...* – Ergänze die Aussagen.

1. Dies**er** Junge sieht echt gut aus: dies_____ Gesicht, dies_____ Augen, einfach super!
2. Dies_____ Roman finde ich prima. Dies_____ Liebesgeschichte ist wirklich toll.
3. Mit dies_____ Mannschaft und dies_____ Trainer gewinnen wir dies_____ Spiel sicher.
4. Ich freue mich auf dies_____ Urlaub, denn in dies_____ Jahr war ich noch nicht weg.

Lerntagebuch	
Datum	

Ausstiege (Internet/Lektüren/Schreibansätze/Projekte …)	
Datum	

Selbstevaluation	Aufgabe/n	Evaluation
Ich kann beim Hören eines Lieds den Inhalt im Wesentlichen verstehen, wenn es deutlich und nicht zu schnell gesungen wird.		☺ ☺ ☹
Ich kann sagen, was mir an einem Lied gefällt oder nicht gefällt.		☺ ☺ ☹
Ich kann verstehen, wenn jemand von seinen Lieblingen und Lieblingsbeschäftigungen spricht.		☺ ☺ ☹
Ich kann sagen, was ich gut finde, was ich gerne habe und was nicht.		☺ ☺ ☹
Ich kann Träume, Hoffnungen, Wünsche beschreiben.		☺ ☺ ☹
Ich kann in einem kurzen Bericht über einen Beruf oder eine Aktivität die wesentlichen Punkte verstehen.		☺ ☺ ☹
Ich kann zu einem Gedicht einen kurzen Kommentar schreiben.		☺ ☺ ☹
Ich kann …		☺ ☺ ☹

Wortschatz		
Ich kenne Wörter, die Gefühle beschreiben		☺ ☺ ☹
Ich kenne Wörter, die Musik beschreiben.		☺ ☺ ☹

Grammatik		
Ich kann die Adjektive mit Dativendung anwenden.		☺ ☺ ☹
Ich kann Indefinita erkennen und verwenden.		☺ ☺ ☹
Ich kann Demonstrativa erkennen und verwenden.		☺ ☺ ☹

Sonne und Wind

Eine Naturkatastrophe zerstörte das Elternhaus von Manuela (15). Sie konnte nichts als ihr Leben retten.

„Durch eine Erdlawine habe ich alles verloren"

Eine Naturkatastrophe zerstörte das Elternhaus von Manuela (15). Sie konnte nichts als ihr Leben retten ...

Es war Freitag, der 14. Oktober, und ich freute mich auf ein relaxtes Wochenende:
5 keine Schule, lange ausschlafen! Es regnete ohnehin seit Tagen in Strömen[1] – genau das richtige
10 Wetter, um im Bett zu bleiben. Nur meine Eltern machten sich wegen des Regens große Sorgen. Denn
15 der Fluss, der durch meinen Heimatort, das Schweizer Bergdorf Gondo, fließt, hatte schon einen
20 bedrohlichen Pegelstand[2] erreicht. Doch da es keine Warnmeldung[3] gab, schlief ich ruhig ein.
25 Am Samstagmorgen rüttelte mich meine Mutter unsanft wach.

„Steh auf und zieh dich schnell an!", rief sie. Was hatte das zu bedeuten? Es war noch nicht mal sieben Uhr!
30 „Man befürchtet, dass der Fluss das Dorf überflutet"[4], erklärte sie mir aufgeregt. „Wir werden vorsichtshalber evakuiert."[5] Schnell zog ich meinen Trainingsanzug über und packte ein paar Waschsachen zusammen. Meinen Walkman konnte ich nicht finden. Das ärgerte mich,
35 aber wir mussten los. Zusammen mit meiner Mutter und meinen beiden Brüdern ging es in einen Schutzbunker[6] am Ortsrand. Es waren bereits viele Einwohner hier, auch meine beiden Tanten mit ihren Kindern. Ich fühlte mich total unwohl, denn der Bunker, in dem es nur ein
40 paar Betten, Sitzmöbel und einen Elektroherd gab, war trostlos und schrecklich voll.
Etwa zwei Stunden waren vergangen, als draußen plötzlich ein dumpfer Knall[7] die Luft zerriss. Unruhe ging durch den Keller, doch keiner konnte sich
45 erklären, was das zu bedeuten hatte. Plötzlich riss ein Feuerwehrmann die Tür zum Bunker auf. „Das halbe Dorf ist kaputt!", rief er außer sich. „Eine Erdlawine ist vom Berg runtergerast[8] und hat die Häuser mitgerissen!"
50 Panisch schrien die Leute durcheinander, viele fingen an zu weinen. Doch mir stockte der Atem.[9] Eine Erdlawine? Das hatte es noch nie gegeben! Und mein Vater war als Straßenwart im Einsatz! Ich zitterte am ganzen Körper. Meine Mutter, die sonst nichts aus der Ruhe bringt,
55 wurde kreidebleich. Ich wusste, dass wir in diesem Moment beide dasselbe dachten: Was ist mit meinem Vater und unserem Haus los? Am liebsten wären wir sofort rausgerannt, aber wir durften nicht, weil man mit weiteren Erdlawinen rechnete.

---

1 sehr stark regnen
2 die Höhe, die das Wasser erreicht
3 eine Meldung, die auf eine Gefahr aufmerksam macht
4 überschwemmen, mit Wasser bedecken
5 jemand wird an einen sicheren Ort gebracht
6 ein großer Raum unter der Erde, wo die Leute sicher sind
7 ein lautes, unbestimmtes Geräusch
8 eine große Menge Erde, die ins Tal stürzt
9 ein Gefühl, wie wenn das Herz stehen bleibt

Luft zerriss. Unruhe ging durch den Keller, doch keiner konnte sich erklären, was das zu bedeuten hatte. Plötzlich riss ein Feuerwehrmann die Tür zum Bunker auf. „Das halbe Dorf ist kaputt!", rief er außer sich. „Eine Erdlawine ist vom Berg runtergerast und hat die Häuser mitgerissen!" Panisch schrien die Leute durcheinander, viele fingen an zu weinen. Doch mir stockte der Atem. Eine Erdlawine? Das hatte es noch nie gegeben! Und mein Vater war als Straßenwart im Einsatz! Ich zitterte am ganzen Körper. Meine Mutter, die sonst nichts aus der Ruhe bringt, wurde kreidebleich. Ich wusste, dass wir in diesem Moment beide dasselbe dachten: Was ist mit meinem Vater und unserem Haus los? Am liebsten wären wir sofort rausgerannt, aber wir durften nicht, weil man mit weiteren Erdlawinen rechnete.

Unser Haus war weg!

Gegen Mittag wurden wir nach endlosem Warten mit einem Hubschrauber ins Nachbardorf Simplon gebracht. Als wir über unserem Dorf waren, suchte ich unser Haus – und schrie auf. Wo es einmal stand, war nur noch eine Schneise der Verwüstung zu sehen. Man konnte deutlich erkennen, dass die Mure unser Haus verschlungen hatte. „Nein, das darf nicht wahr sein!", rief ich und die Tränen liefen mir übers Gesicht. Ich spürte keine Kälte und keinen Hunger mehr, alles um mich herum verschwamm. Ich wünschte mir, dass alles ein Albtraum sei, aus dem ich bald wieder aufwachen würde. Dazu kam die unendliche Sorge um meinen Vater. „Lieber Gott, bitte lass Vater nichts passiert sein!", betete ich immer wieder. In Simplon wurden wir in einer Turnhalle untergebracht. Am liebsten wäre ich vor Erschöp-

Manuela vor den Trümmern ihres Elternhauses. Zum Andenken an ihre vermissten Onkel hat sie eine Kerze aufgestellt.

war wie ausgelöscht! Die nächsten Tage verbrachten wir in einer leer stehenden Ferienwohnung. Doch das war nicht mein Zuhause und der Gedanke, dass es das nicht mehr gab, brachte mich fast um. Zwei Wochen später fuhr ich mit meiner Familie zum ersten Mal zu der Stelle, wo einst unser Haus stand. Der Anblick war furchtbar! Nur die Grundmauern waren vorhanden – die Stelle ein einziger Schutthaufen! Hier und da entdeckte ich einzelne Schuhe, Küchengeräte und Spielsachen meiner Geschwister. Doch alles war völlig verdreckt und nicht mehr zu brauchen. Meine Möbel, meine Klamotten, meine Stereoanlage und meine CDs, meine Poster und meine Parfümfläschchensammlung – alles ist für immer verloren.

Verschlungen von den Naturgewalten: Von Manuelas Elternhaus blieb nur ein Haufen Schutt, aus dem Überbleibsel ragen

„Unfassbar! Der Berg zerstörte unsere Existenz"

Manuela (2. v. r.) mit ihrer Familie

Leben alles als selbstverständlich ansieht. Auch wichtige Dinge wie mein Ausweis, meine Geburtsurkunde, meine Ersparnisse – alles ist unter dem Schlamm begraben.

Ein Fünkchen Hoffnung

Eines Tages stand ein Helfer vor unserer Tür und übergab mir eine zerbeulte rote Metallkassette: mein einziger persönlicher Gegenstand, der aus dem Trümmerhaufen gerettet werden konnte. Ich war überglücklich! Neben ein paar Kleinigkeiten bewahrte ich darin eine Restaurantrechnung von meinem 15. Geburtstag auf. Wenigstens eine Erinnerung an mein früheres

Da tauchte plötzlich mein Vater auf. Überglücklich stürmte ich auf ihn zu und wollte ihn gar nicht mehr loslassen. Doch dann sah ich, wie ihm die Tränen übers Gesicht liefen. Mit leiser Stimme sagte er: „Deine beiden Onkel sind in die Lawine geraten. Sie werden vermisst."[14] Ich wollte nicht glauben, was er sagte. Meine beiden liebsten Onkel waren von den Erdmassen verschlungen worden! Das war zu viel für mich. Mir wurde total schwindlig und ich konnte mich kaum noch auf den Beinen halten. Zum Glück hielt mich mein Vater ganz fest. Diese Nachricht war noch tausendmal schlimmer als der Verlust unseres Hauses und unserer gesamten Habe.[15] Von unserem früheren Leben war nichts mehr übrig. Es war wie ausgelöscht! Die nächsten Tage verbrachten wir in einer leer stehenden Ferienwohnung. Doch das war nicht mein Zuhause und der Gedanke, dass es das nicht mehr gab, brachte mich fast um.[16]
Zwei Wochen später fuhr ich mit meiner Familie zum ersten Mal zu der Stelle, wo einst unser Haus stand. Der Anblick war furchtbar! Nur die Grundmauern waren vorhanden – die Stelle ein einziger Schutthaufen![17] Hier und da entdeckte ich einzelne Schuhe, Küchengeräte und Spielsachen meiner Geschwister. Doch alles war völlig verdreckt und nicht mehr zu gebrauchen. Meine Möbel, meine Klamotten, meine Stereoanlage und meine CDs, meine Poster und meine Parfümfläschchensammlung – alles ist für immer verloren. [...]

Mehr darüber: www.gondo.ch
www.crealp.ch/de/contenu/crealp_gondo_photos.asp

---

10 Helikopter, eine Art Flugzeug
11 ein langer Streifen, wo alles zerstört ist
12 ein Erdrutsch hatte das Haus mitgenommen
13 große Müdigkeit
14 sie sind nicht mehr da
15 alles, was jemand besitzt
16 bereitete mir große Schmerzen
17 Reste von Häusern, die man nicht mehr brauchen kann

1 Jahreszeiten- und Wetterrätsel

Waagrecht:
3 Im starken … sind viele Bäume gefallen.
5 Die Straßen sind nass vom …
6 Bei diesem … kann man nicht gut sehen.
7 Der kalte … bläst von Norden.
8 Die Tiere wurden vom … getroffen.
10 Bei … ist Fahrradfahren kaum möglich.
12 Nach dem Blitz hört man den …

Senkrecht:
1 Im … ist es kalt und die Tage sind kurz.
2 Der … dauert von März bis Juni.
3 Die … scheint am Himmel.
4 Im … fallen die Blätter.
9 Im … ist es warm und die Tage sind lang.
11 Auf den Skipisten liegt schon viel …

2 Wetterberichte verstehen – Wie wird das Wetter in a Nord-, b Süd-, c West-, d Ost-, e Mitteleuropa? Ordne zu.

1. _e_ Im Allgemeinen bleibt der Himmel bewölkt, besonders im Alpenraum.
2. _c_ Vom Atlantik her kommt ein Tief, das Regen bringt. Im Moment noch sonnige Abschnitte.
3. _b_ Zeitweise ziehen einige Wolkenfelder vorüber, aber sonst meist sonnig und noch relativ warm.
4. _a_ Das Wetter ist stark veränderlich: Mal scheint die Sonne, mal ist es bedeckt, mal regnet es ein wenig.
5. _d_ Die kalte Luft aus Sibirien rückt näher, aber im Allgemeinen ist das Wetter trocken und zeitweise sogar sonnig.

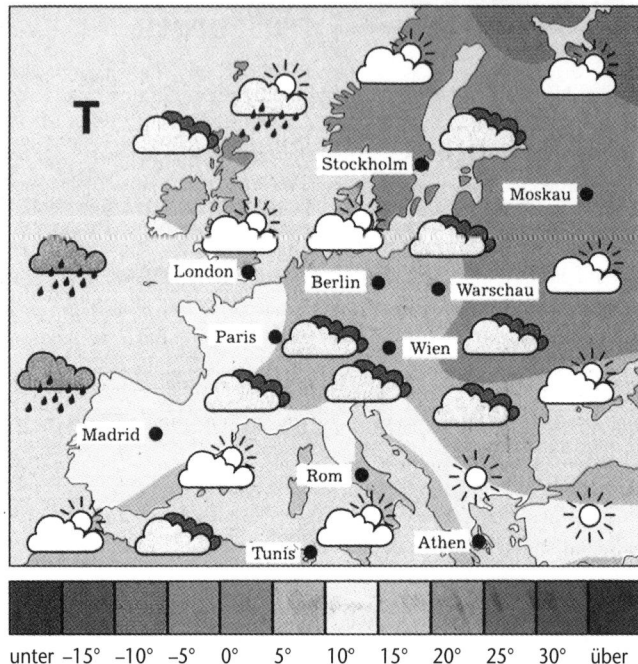

3 Beschreibe nun das Wetter in Nordafrika.

4 Über das Wetter sprechen – Schreibe mit den Sätzen 1–10 fünf Minidialoge. Es gibt mehrere Möglichkeiten.

1. Am Freitag soll es schneien.
2. Ja, wirklich, man sieht kaum die eigene Nase.
3. Super, dann gehen wir am Samstag Ski laufen.
4. Schrecklich, dieser Nebel.
5. Frag mich nicht! Es hat die ganze Zeit geregnet.
6. Egal! Ich muss eh mein Zimmer aufräumen.
7. Puh, ist das heiß heute!
8. Wie war's in den Ferien?
9. Na ja, endlich richtiges Sommerwetter.
10. So ein Sauwetter!

12

5 Nebensätze mit *ob* – Ergänze die Fragen.

1. das Museum / offen / sein — Können Sie uns sagen, *ob das Museum offen ist?*
2. seine Freundin / Fisch / essen — Wisst ihr, *ob seine Freundin Fisch isst?*
3. er / morgen / mitkommen — Fragst du ihn, *ob er morgen mitkommt?*
4. ihre Eltern / zu Hause / sein — Habt ihr gesehen, *ob ihre Eltern zu Hause ist?*
5. Daniel / ein Fahrrad / haben — Weißt du, *ob Daniel ein Fahrrad hat?*

6 Über die Ferien berichten – Schreibe die Dialogfragen als indirekte Fragen.

Adam trifft seinen Freund Mirko.
- ● Hallo, Mirko, wie geht es dir?   Er fragt ihn, …
- ○ Gut, danke.
- ● Du siehst auch prima aus. Warst du in den Ferien?   Dann will er wissen, …
- ○ Ja, zwei Wochen in Andalusien.
- ● Und wann bist du zurückgekommen?   Er fragt ihn auch, …
- ○ Gerade gestern.
- ● Sag mal, hat es dort auch so viel geregnet?   … und …
- ○ Nein, überhaupt nicht. Das Wetter war toll.
- ● Komm, erzähl doch ein bisschen von Andalusien. Wo bist du überall gewesen?   Danach möchte er wissen, …
- ○ In Sevilla, in Granada, in Ronda …
- ● Und welche Stadt hat dir am besten gefallen?   … und …
- ○ Sie sind alle schön, aber ich denke Granada.
- ● Hast du dort die Alhambra besichtigt?   Bevor Mirko gehen muss, fragt Adam noch …
- ○ Klar, das muss man doch sehen! Aber, entschuldige, ich muss jetzt gehen, ich erzähl dir nächstes Mal mehr.
- ● O.k., tschüs, Adam.
- ○ Tschüs, Mirko.

Adam trifft seinen Freund Mirko. Er fragt ihn, wie es …

14

7 Gute Vorsätze und Wünsche
a Ergänze die Sprechblasen.

Ich w_erde_ nicht mehr so viel essen und du w_____ hoffentlich nicht mehr so viel telefonieren.

Nächstes Jahr w_____ wir den Führerschein machen. Und wann w_____ ihr ihn machen?

Ich w_____ nie mehr zu spät kommen, wenn auch ihr pünktlicher w_____!

Wir w_____ weniger fernsehen, Gitte und Sonia w_____ weniger ausgehen und Roger w_____ endlich mehr lernen.

b Schreibe nun deine guten Vorsätze im Heft auf.

8 Ergänze die Zusammenfassung. Die Wörter stehen im Text auf den Seiten 24/25.

Manuela freute sich auf das ___Wochenende___, auch wenn es seit Tagen sehr stark _____. Ihre Eltern machten sich dagegen große _____, weil der Fluss, der durch ihr Dorf _____, immer gefährlicher wurde. Am folgenden Morgen geschah das Unglück. Es war noch nicht einmal _____ _____, als ihre _____ sie wachrüttelte: Sie mussten in einen Schutzbunker, wo bereits viele andere _____ waren. Auch ihre beiden _____ mit ihren _____ waren dort. Ungefähr _____ _____ später passierte es: Eine Erdlawine stürzte vom _____ ins _____ hinunter und zerstörte das halbe _____. Manuela dachte sofort an ihren _____, der zu der Zeit bei der Arbeit war. Was war mit ihm und ihrem _____ los? Ihr Vater konnte sich retten, aber ihre beiden _____ nicht. Und das _____ gab es auch nicht mehr: Die _____ und der Fluss hatten es völlig zerstört.

21

9 Klimawandel – Höre den UNO-Bericht. Folgende Aussagen stimmen alle, aber welche hast du im Radiobericht gehört? Kreuze an.

1. [X] In der Zukunft wird es mehr Stürme, Überschwemmungen und Dürrekatastrophen geben.
2. [ ] Die Menschen sind am Klimawandel schuld.
3. [ ] Die Durchschnittstemperatur der Erde ist in den letzten 100 Jahren gestiegen.
4. [ ] Die Tiere ziehen in den Norden.
5. [ ] Die Vögel legen ihre Eier früher.
6. [ ] Die Gletscher und die Eisberge im Meer werden immer kleiner.
7. [ ] Es gibt immer mehr Waldbrände.
8. [ ] In den Alpen werden Tiere und Pflanzen aussterben.
9. [ ] In den nächsten 100 Jahren werden die Industrieländer viele Katastrophen provozieren.
10. [ ] Die Entwicklungsländer werden davon am meisten betroffen sein.

Lerntagebuch	
Datum	

Aussiege (Internet/Lektüren/Schreibansätze/Projekte …)	
Datum	

Selbstevaluation	Aufgabe/n	Evaluation
Ich kann die wichtigsten Aussagen in Zeitungsartikeln über ein aktuelles Thema verstehen.		☺ ☺ ☹
Ich kann die Bedeutung unbekannter Wörter aus dem Kontext verstehen oder im Wörterbuch nachschlagen.		☺ ☺ ☹
Ich kann eine Wetterkarte und einen Wetterbericht verstehen.		☺ ☺ ☹
Ich kann ein Gespräch über das Wetter führen.		☺ ☺ ☹
Ich kann in Radionachrichten die Hauptpunkte verstehen.		☺ ☺ ☹
Ich kann Aussagen über die Zukunft machen.		☺ ☺ ☹
Ich kann …		☺ ☺ ☹
Wortschatz		
Ich kenne Wörter zum Thema „Wetter".		☺ ☺ ☹
Ich kenne Wörter zum Thema „Umwelt".		☺ ☺ ☹
Grammatik		
Ich kann die Nebensätze mit *ob* anwenden.		☺ ☺ ☹
Ich kann das Futur mit Präsens oder mit *werden* + Infinitiv anwenden.		☺ ☺ ☹
Ich kann das Verb *werden* konjugieren.		☺ ☺ ☹

Plateau 1

TESTTRAINING

Hier kannst du dich selbst testen. Löse zuerst alle Aufgaben. Kontrolliere dann mit den Lösungen auf Seite 105 und schreibe dein Ergebnis in die Tabelle auf Seite 108.

Leseverstehen (Globalverstehen) ca. 10 Minuten

Lies zuerst die 10 Überschriften. Lies dann die Texte und entscheide, welcher Text (1–5) am besten zu welcher Überschrift (a–j) passt. Du darfst jeden Text und jede Überschrift nur einmal verwenden.

a) **Neuer Sammelrekord**
b) **Informationsbüro für Ausländer**
c) *Flutkatastrophen nehmen kein Ende*
d) **Mit der Sprache hat sie noch Probleme**
e) *Da treffen sich die Sprachen*
f) **Schweizer trinken am meisten**
g) *Lutscher sind für Zähne gut*
h) *Schüler überschwemmen Schule*
i) Muss Miss Schweiz Englisch können?
j) **Süße Musik**

1 e / 2 h / 3 a / 4 d / 5 j

1 Meran. So vielfältig wie die Medien, die in der Mediathek von Meran untergebracht sind, sind auch ihre Besucher: Schüler sind hier ebenso zu finden wie Lehrer. Ausländer informieren sich in Zeitschriften über ihr Herkunftsland. Für alle, die sich in einem modern eingerichteten Ambiente fremden Kulturen und Sprachen widmen wollen, ist die Sprachenmediathek ein beliebter Treffpunkt.
(Aus einer Südtiroler Monatszeitschrift)

2 Düsseldorf. Flutkatastrophe einmal anders. Zwei Schüler verstopften Waschbecken ihrer Schule, drehten die Wasserhähne auf. Alles wurde überflutet. Erst Wochen später konnten die Räume wieder benutzt werden. Ein teurer Streich: Die Eltern müssen den ganzen Schaden von 62 000 Euro zahlen, weil die zwei Jungs vorsätzlich gehandelt hatten.
(Aus einer deutschen Wochenzeitschrift)

3 Bern. Klar kann man sagen, dass es für die Schweiz zum guten Ton gehört, in Sachen Umweltschutz mit gutem Beispiel voranzugehen, aber gemacht werden muss es trotzdem. In dieser Hinsicht ist die Schweizer Bevölkerung vorbildlich, und zwar wie nie zuvor. Im vergangenen Jahr hat sie 27 459 Tonnen, d. h. 11 % mehr, PET-Getränkeflaschen gesammelt – die unglaubliche Zahl von fast 700 Millionen Flaschen!
(Aus einer Schweizer Wochenzeitung)

4 Luzern. „Ich wurde in Kanada aufgewachsen." Oder: „Am Ende April bin ich mein Studium abgeschlossen." Die kleinen Fehler machen die neue Miss Schweiz, deren Muttersprache Englisch ist, noch sympathischer. Ihr Freund, der Sprachlehrer ist, sagt, wo Bianca mit dem Deutschen noch Probleme hat: „Mühe bereiten ihr die Partizipien." Dabei handelt es sich um Verbformen wie „gegangen" oder „geschlafen", aber auch die Konjugationen sind für Bianca schwierig. Beispiel: Ich denke, du denkst, er denkt.
(Aus einer Schweizer Tageszeitung)

5 Wien. Die Firma Hasbro hat eine neue Erfindung auf den Markt gebracht: den musikalischen Lutscher. Er verbindet Spielzeug und Süßigkeiten miteinander. Und das funktioniert ganz einfach. Den Lutscher zwischen die Zähne klemmen und auf den angebrachten Knopf drücken. Schon ertönt die Lieblingsmelodie. Unglaublich, aber wahr! Der Erfolg ist ohne Zweifel garantiert.
(Aus einer österreichischen Tageszeitung)

Mögliche Punkte: 5 – Meine Punkte: _____

Leseverstehen (Detailverstehen)   ca. 35 Minuten

Lies zuerst den Zeitungsartikel und löse dann die fünf Aufgaben zum Text. Entscheide, welche Lösung (a, b oder c) richtig ist, und markiere sie.
Achtung: Die Reihenfolge der einzelnen Aufgaben folgt nicht immer der Reihenfolge des Textes.

Mit Punkten lesen und schreiben

Die Brailleschrift (Blindenschrift nach Louis Braille) ist eine der großen Erfindungen des 19. Jahrhunderts und sicher das wichtigste Element bei der Integration von blinden Menschen in die Gesellschaft.

Um am beruflichen, sozialen, kulturellen und politischen Leben teilnehmen zu können, muss jeder Mensch lesen und schreiben können. Für Leute, die gut sehen, ist die Welt des geschriebenen Wortes problemlos. Sie besorgen sich am Kiosk, in Buchhandlungen oder in Bibliotheken jenen Lesestoff, der sie interessiert. Und blinde Menschen? Da hilft zum Glück die Brailleschrift.

Diese Punktschrift, die mit den Fingern leicht zu ertasten ist, wird heute noch in der ganzen Welt verwendet. Entwickelt wurde sie von Louis Braille (1809–1852), der bereits mit drei Jahren blind wurde und schon als 12-Jähriger den großen Vorteil von tastbaren Schriftzeichen entdeckte. In kürzester Zeit arbeitete er ein Schriftsystem aus, das auf sechs erhöhten Punkten basierte.

1825 stellte er dem Pariser Blindeninstitut die Schrift vor, die er entwickelt hatte. Während seine Mitschüler mit Freude den Gebrauch der neuen, wirklich lesbaren Schrift übten, war der Direktor von Anfang an dagegen, weil sie die Leute, die sehen konnten, von denen, die blind waren, trennte. Er verbot sie und setzte hohe Strafen aus, wenn sie trotzdem verwendet wurde. Er ließ sogar die Bücher, die bereits in Blindenschrift geschrieben waren, verbrennen und es dauerte noch einige Jahrzehnte, bis die Brailleschrift endlich der breiten Öffentlichkeit vorgestellt wurde.

1878 war es dann so weit. Auf einem Kongress in Paris wurde sie offiziell zur internationalen Methode für den Unterricht in Blindenschulen erklärt und ist heute noch weltweit Basis der Schrift für Blinde.

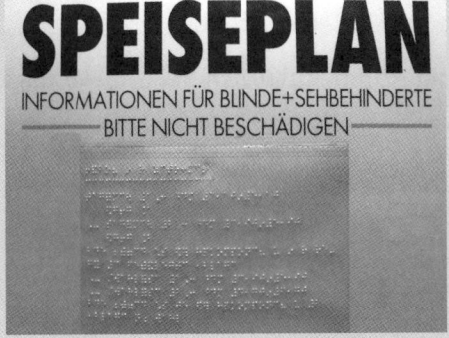

1. Blinde Menschen im 19. Jahrhundert
[a] fanden keine Arbeit.
[b] durften nicht zur Schule gehen.
[■] bekamen erstmals eine spezielle Schrift.

2. Jeder Mensch muss heute
[a] beruflich, sozial und kulturell aktiv sein.
[■] lesen und schreiben können.
[c] Interesse für Buchhandlungen zeigen.

3. Louis Braille
[■] konnte schon als Kind nicht mehr sehen.
[b] wurde mit 12 Jahren blind.
[c] wurde 1825 blind.

4. Der Vorteil der Brailleschrift ist, dass
[a] die Buchstaben aus Punkten bestehen.
[b] sie in kurzer Zeit entwickelt wurde.
[■] sie mit den Fingern tastbar ist.

5. Die Blindenschrift wurde zuerst abgelehnt, weil
[a] sie sehr kompliziert war.
[■] sie die Menschen in zwei Kategorien aufteilte.
[c] man damit keine Bücher drucken konnte.

Mögliche Punkte 5: – Meine Punkte: _____

Sprachbausteine ca. 10 Minuten

Lies den folgenden Text und entscheide, welches Wort (a, b oder c) in die Lücken 1–10 passt.
Markiere deine Lösungen und schreibe sie in die Lücken.

Hannover, 30. Mai

Liebe/r …,

nun ist es sicher! Im Sommer _____ ① meine Lieblingsgruppe „Z-Shop" endlich in Hannover spielen. Ich freue mich schon wie ein kleines Kind darauf. Du weißt ja, wie sehr ich die mag. Ich finde sie einfach super. Ihre Musik hat _____ ② Interessantes für mich, ich kann dir aber nicht genau sagen, _____ ③ es die Melodien oder die Texte _____ ④ Lieder sind. Hast du Lust zu kommen? Vielleicht mit _____ ⑤ Schwester? Ihr seid herzlich eingeladen. Ihr könnt natürlich bei uns wohnen und auch ein paar Tage bleiben.

Oder hast du sonst schon _____ ⑥ vor? Gib mir bitte ganz schnell Bescheid, denn es _____ ⑦ tausende von Fans aus der ganzen Region erwartet und ich möchte noch in _____ ⑧ Woche die Tickets bestellen. _____ ⑨ entscheiden zu können, möchtest du sicher wissen, wann und wo die Band spielt. Also, das Konzert findet am 21. August statt: Wenn es nicht regnet, im Stadion und sonst in der _____ ⑩ Messehalle.

Liebe Grüße

deine Elisa

1. a) ist
   b) wird
   c) hat

2. a) irgendwer
   b) irgendwen
   c) irgendwas

3. a) weil
   b) ob
   c) dass

4. a) ihre
   b) ihren
   c) ihrer

5. a) deine
   b) dein
   c) deiner

6. a) einige
   b) etwas
   c) jemand

7. a) werden
   b) wurden
   c) waren

8. a) diese
   b) dieses
   c) dieser

9. a) für
   b) um
   c) aber

10. a) neue
    b) neuen
    c) neuer

Mögliche Punkte: 10 – Meine Punkte: _____

Hörverstehen (Globalverstehen) ca. 10 Minuten

Du hörst nun fünf kurze Texte. Dazu sollst du fünf Aufgaben lösen.
Höre diese Texte nur einmal. Entscheide beim Hören, ob die Aussagen 1–5 richtig oder falsch sind.
Markiere (+) richtig und (–) falsch.

1. Der Sprecher ist froh, dass er auch Französisch kann.
2. Es wird eine Erfindung beschrieben.
3. Die Sprecherin kann mit ihrer Freundin über alles reden.
4. Der Wetterbericht ist für einen Tag im Sommer.
5. Die Sprecherin interessiert sich wenig für Umweltschutz.

Hörverstehen (Detailverstehen) ca. 35 Minuten

Du hörst nun eine Radiomeldung. Dazu sollst du zehn Aufgaben lösen.
Höre die Radiomeldung zweimal. Entscheide beim Hören, ob die Aussagen 1–10 richtig oder falsch sind.
Markiere (+) richtig und (–) falsch.

1. Es regnet in ganz Europa.
2. In vielen Ferienorten ist die Situation immer noch gefährlich.
3. Ganz schlimm ist es am Roten Meer.
4. In Spanien sind 58 Menschen gestorben.
5. Nur auf Mallorca regnet es nicht.
6. Auch in Deutschland hat es in der Nacht nicht mehr geregnet.
7. Auf der Elbe können die Schiffe wieder fahren.
8. In Italien hat das Unwetter viele Orte am Meer erreicht.
9. Die Straßen in Rom sind bis zu einem Meter überschwemmt.
10. Zum Glück wird das Wetter in Europa bald besser.

Schreiben ca. 30 Minuten

Deine Freundin Elisa hat dir geschrieben (Seite 32, Sprachbausteine).
Beantworte ihren Brief. Schreibe ihr, dass …

– du die Einladung gerne annimmst.
– deine Schwester zu dieser Zeit in Urlaub ist.
– du mit dem Zug nach Hannover fährst.
– du nur zwei Tage bleibst.

Bevor du den Brief schreibst, überlege dir die passende Reihenfolge der Punkte, eine passende Einleitung und einen passenden Schluss. Vergiss auch nicht Datum und Anrede.
Lass den Brief von deinem Lehrer/deiner Lehrerin korrigieren.

Mögliche Punkte: 15 – Meine Punkte: _____

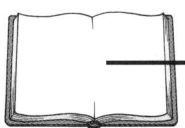

LESE-ECKE

Nero Corleone
Erzählung von Elke Heidenreich

„Nero" nennen sie den kleinen Kater auf dem italienischen Bauernhof, weil er ganz schwarz ist, nur mit einer weißen Vorderpfote. Mit seinen messerscharfen Krallen und seinen kugelrunden, giftgrünen Augen ist Nero zu Hause in Italien der Chef auf dem Hof. Er fürchtet sich vor nichts und niemand, nicht einmal vor Robert und Isolde, dem deutschen Ehepaar, das in den Ferien das Häuschen auf dem Hügel bewohnt. Ganz im Gegenteil, schlau, wie er ist, wird er in kürzester Zeit zum Liebling von Isolde, die ihn und sein „Mädchen" Rosa so sehr ins Herz schließt, dass sie nach den drei Wochen Urlaub nicht daran denken darf, ohne die beiden nach Köln zurückzufahren …

Carl Hanser Verlag, 1995 – www.hanser.de ISBN 3-446-18344-2

Als der Abreisetermin für Robert und Isolde näher rückte, wurde Isolde still und traurig und hatte rot geweinte Augen.

„Wie stellst du dir das denn vor", fragte Robert, „zehn Stunden Autofahrt mit zwei Katzen? Und zu Hause, wie soll das werden?"

Und Isolde schniefte und putzte sich die Nase und kaufte heimlich in einem Haushaltswarengeschäft ein geflochtenes Katzenkörbchen.

Nero ahnte, dass irgendetwas bevorstand, und er war ganz besonders zärtlich, liebevoll und anschmiegsam – vorsichtshalber. Kaum saß Isolde im Sessel, schon rollte er sich auf ihrem Schoß zusammen und schmalzte sie an, aber er wusste auch, dass es vor allem galt, Robert davon zu überzeugen, dass ein Leben ohne Rosa und Nero leer und sinnlos sein würde. Mit steil hochgerecktem Schwanz strich er ihm um die Beine, lugte neckisch unter den Zeitungsblättern hervor, wenn Robert lesen wollte, und zeigte seinen weichen, schutzlosen Bauch, miau!

„Ich durchschaue dich", sagte Robert und Nero dachte: „Na, umso besser, wo ist dann das Problem?"

Er hatte beschlossen, zusammen mit Rosa bei Robert und Isolde zu bleiben – wohin auch immer sie mit ihnen fahren würden. Die Verpflegung war gut, die Zuneigung groß und vielleicht gab es ja in Köln am Rhein auch Heu, in dem man schlafen konnte. Auf jeden Fall würde man nie mehr um jeden Bissen kämpfen müssen wie drüben auf dem Hof und wer weiß, vielleicht stand ja da, wo Robert und Isolde wohnten, auch so ein butterweiches Sofa?

Eines Tages waren Robert und Isolde zum Bauern hinübergegangen. Man redete über das Wetter und die Politik, über Lothar Matthäus und das schlechte Fernsehprogramm und dann rückte Isolde damit heraus: Diese beiden herzallerliebsten kleinen Katzen, die in den letzten Wochen so oft drüben bei ihnen waren und die ihnen so ans Herz gewachsen wären, dürfte man, könnte man die vielleicht, ach bitte! mitnehmen? Man würde auch ganz bestimmt gut für sie sorgen, man habe einen Garten daheim, man könne zum Beweis bei jedem Italienbesuch Fotos mitbringen und … Der Bauer fragte: *„Due gatti,* zwei Katzen? Vielleicht die rote und der schwarze, *la rosa e il nero?"* Und Isolde rief: „Jaja, Rosa und Nero, wie schön, so sollen sie heißen!" Der Bauer war erleichtert: *„Troppi gatti!",* rief er und wedelte sie mit den Händen weg, „viel zu viele Katzen, nehmen Sie sie nur mit, *prendi, prendi!"* Und Isolde weinte und fiel Robert um den Hals, und alle zusammen tranken in der Küche des Bauern noch einen Kräuterschnaps der Marke *Riserva del Nonno,* Opas Reserve, und die Bäuerin versuchte, auch den schönen Felix oder doch wenigstens Biff und Baff noch loszuwerden, aber für Robert und Isolde stand fest: Rosa und Nero.

Weitere Lesetipps

Dornröschen küsst
Roman von Kristina Dunker

Julia und Ann-Kathrin sind Zwillinge, aber sie sind total verschieden. Ann-Kathrin liebt Feste und Partys, coole Klamotten und Jazztanz, Julia ist verschlossen und scheu und kommt nicht damit klar, dass ihre Mutter sie verlassen hat. Sie denkt sich gern Geschichten aus, die sie auch aufschreibt. Lange erscheint ihr ihre Traumwelt wichtiger als ihr Alltagsleben – bis sie eines Tages Ruben trifft. Julia entdeckt ganz neue Seiten an sich, sie legt sich einen farbig-flippigen Kurzhaarschnitt zu, verändert ihre Kleidung – und sie verliebt sich zum ersten Mal. Doch erst als die Sache mit Ann-Kathrin und den Fotos passiert, merkt Julia, wie sehr sie sich verändert hat ...

dtv, 2002 – www.dtvjunior.de – ISBN 3-423-62155-9

Durchgekommen
Erfahrungsbericht von Burkhardt Wunderlich

All seine Liebe gilt dem Fußball, aber an einem kalten Novembertag setzt ein harmloser Sportunfall dem Traum einer großen Spielerkarriere ein Ende. Was zuerst wie eine leichte Sportverletzung aussieht, stellt sich bald als bösartige Krankheit heraus: Burkhardt hat Knochenkrebs und er ist noch nicht einmal sechzehn! Der Kampf gegen die Krankheit beginnt und Burkhardt hat nur noch einen großen Wunsch – überleben! Es folgen lange Krankenhausaufenthalte, Perioden der Chemotherapie, der Schmerzen und der Hoffnungen. Burkhardt lernt dabei nicht nur die Ärzte, Schwestern und seine Familie sehr intensiv kennen, sondern beobachtet auch sich selbst sehr genau.

Alibaba Verlag, 2000 – www.alibaba-verlag.de – ISBN 3-860 42-095-X

Das Geheimnis der Dünen
Roman von Jonas Torsten Krüger

Sommerferien auf Norderney! Saskia ist alles andere als begeistert, sie möchte lieber nach Italien oder nach Mallorca fahren. Doch dann lernt sie Ole, den Sohn des Naturschutzwartes, kennen. Auf ihren Streifzügen finden sie einen toten Greifvogel – offenbar von Wilderern erschossen. Für Ole, Saskia und ihren Bruder Jesse ist sofort klar: Denen werden wir das Handwerk legen! Und sie haben auch schon einen Verdächtigen im Auge – den neuen Wattführer, der sich so sonderbar benimmt. Nachts legen sich die drei, unterstützt von Hund Bomba, auf die Lauer. Keiner ahnt, dass ihre Nachforschungen sie in Lebensgefahr bringen werden ...

Ueberreuter, 2002 – www.uebereuter.de – ISBN 3-8000-2886-7

Konsum

Der Verkäufer und der Elch
von Franz Hohler

Kennt ihr das Sprichwort „Dem Elch eine Gasmaske verkaufen"? Das sagt man in Schweden von jemandem, der sehr tüchtig ist, und ich möchte jetzt erzählen, wie es zu diesem Sprichwort gekommen ist.

Es gab einmal einen Verkäufer, der war dafür berühmt, dass er allen alles verkaufen konnte. Er hatte schon

einem Zahnarzt eine Zahnbürste verkauft, einem Bäcker ein Brot und einem Obstbauern eine Kiste Äpfel.

„Ein wirklich guter Verkäufer bist du aber erst", sagten seine Freunde zu ihm, „wenn du einem Elch eine Gasmaske verkaufst."

Da ging der Verkäufer so weit nach Norden, bis er in einen Wald kam, in dem nur Elche wohnten.

„Guten Tag", sagte er zum ersten Elch, den er traf. „Sie brauchen bestimmt eine Gasmaske."

„Wozu?", fragte der Elch. „Die Luft ist gut hier."

„Alle haben heutzutage eine Gasmaske", sagte der Verkäufer.

„Es tut mir leid", sagte der Elch, „aber ich brauche keine."

„Warten Sie nur", sagte der Verkäufer, „Sie brauchen schon noch eine." Und wenig später begann er, mitten in dem Wald, in dem nur Elche wohnten, eine Fabrik zu bauen.

„Bist du wahnsinnig?", fragten seine Freunde.

„Nein", sagte er, „ich will nur dem Elch eine Gasmaske verkaufen."

Als die Fabrik fertig war, stiegen so viel giftige Abgase aus dem Schornstein, dass der Elch bald zum Verkäufer kam und zu ihm sagte: „Jetzt brauche ich eine Gasmaske."

„Das habe ich gedacht", sagte der Verkäufer und verkaufte ihm sofort eine. „Qualitätsware!", sagte er lustig.

„Die andern Elche", sagte der Elch, „brauchen jetzt auch Gasmasken. Hast du noch mehr?" (Elche kennen die Höflichkeitsform mit „Sie" nicht.)

„Da habt ihr Glück", sagte der Verkäufer, „ich habe noch tausende."

„Übrigens", sagte der Elch, „was machst du in deiner Fabrik?"

„Gasmasken", sagte der Verkäufer.

PS: Ich weiß doch nicht genau, ob es ein schwedisches oder ein schweizerisches Sprichwort ist, aber die beiden Länder werden ja oft verwechselt.

Franz Hohler, geboren 1943 in Biel, aufgewachsen in Olten. Studium der Germanistik und Romanistik in Zürich, nach fünf Semestern abgebrochen zugunsten eines kabarettistischen Soloprogramms mit dem Titel „pizzicato". Seither freischaffend. Arbeitet für Bühne, Radio, Fernsehen, schreibt Erzählungen, Romane, Gedichte, Theaterstücke und Kinderbücher. Lebt mit seiner Frau in Zürich.

Mehr von und über Franz Hohler: www.franzhohler.ch

So könnte die Geschichte weitergehen:

① Martinas Vorschlag:

Der Elch war stinksauer. Er ging zu den anderen Elchen und erklärte ihnen das Problem. Sie besprachen es alle zusammen und kamen auch zu einer Lösung: Sie beschlossen, ein neues
5 Zuhause zu suchen. Sie machten sich gleich auf den Weg und endlich, nach drei Tagen, fanden sie einen großen Wald, der von nun an ihr neues Zuhause sein würde. Der Wald war aber bei weitem nicht so schön wie der „alte", es gab wenig
10 Gras und auch das Wasser war nicht sehr gut. Die Elche wurden immer trauriger und hielten es nach zwei Wochen nicht mehr aus: Sie wollten zurück, auch wenn das bedeutete, dass sie für immer Gasmasken tragen würden. Als sie
15 müde und mit gemischten Gefühlen an ihrem früheren Wohnort ankamen, erwartete sie aber eine tolle Überraschung: Die Fabrik war verschwunden! Der Verkäufer hatte sie demoliert: Es bringe ja doch nichts, eine Gasmaskenfabrik
20 zu haben, wenn es keine Kunden mehr gebe! Die Elche waren natürlich überglücklich und sie leben noch immer, ohne Gasmasken, in ihrem Wald.

② Mariannas Vorschlag:

„Das ist nicht fair! Du hast unseren Wald verpestet! Du wolltest uns nur Gasmasken verkaufen!", sagte der Elch. „Das ist nicht mein Problem!", antwortete der Verkäufer und lachte.
5 „Mach bitte deine Fabrik zu und ich werde dir, wenn immer du sie brauchst, meine Hilfe anbieten." Aber der Verkäufer hörte nicht einmal zu und ging in seine Fabrik. Der Winter kam, und wie es im hohen Norden oft passiert, schneite es
10 den ganzen Tag. Am Abend lag so viel Schnee, dass der Verkäufer nicht mehr nach Hause fahren konnte. Er bat den Elch deshalb um Hilfe. „Du hast die Fabrik damals nicht schließen wollen, also helfe ich dir jetzt auch nicht", sagte der
15 Elch und lief davon. Seit diesem Tag gibt es keine Abgase mehr und kein Elch hat den Verkäufer jemals wiedergesehen. Niemand weiß, ob er in seiner Fabrik erfroren oder verhungert ist oder ob er vielleicht doch rauskonnte, aber das ist
20 nicht ihr Problem, meinen die Elche.

Marianna und Martina besuchen die 9. Klasse der Scuola Media von Tesserete. Sie sind beide 15. Martina geht sehr gerne einkaufen, besonders Klamotten, Modeschmuck oder ab und zu eine neue CD. Marianna ist kein Shopping-Fan. Sie spart ihr Geld lieber, denn sie fährt leidenschaftlich gerne Wasserski und möchte den Motorboot-Führerschein machen und der ist nicht billig. Natürlich kauft auch sie sich manchmal Kleider oder ein Comic-Heft, aber eigentlich eher selten.
Gasmasken brauchen Martina und Marianna zum Glück in der Südschweiz (noch) keine!

1 **Wer ist ein guter Verkäufer? Wem muss er was verkaufen können? Finde vier Beispiele im Text und erfinde zwei eigene Beispiele.**

Wem?	Was?
einem Elch	eine Gasmaske

2 **Wie würdest du die Geschichte zu Ende schreiben?**

3 Ich bin shoppingsüchtig – Ergänze den Text. Schwer? Lies im Kursbuch den Text auf S. 50–51 noch einmal.

Maria hat ein ganz besonderes Problem: Sie kann das Eink_aufen_ einfach nicht lassen! Schon m__ 13 Jahren schleppte sie massenhaft Einkau_____ nach Hause. Sie kaufte si__ immer wieder neue Sachen, w__ Make-up, Pullover, Schuhe, te____ Beauty-Masken, aber schon am näch_____ Tag hatte das Zeug kei____ Sinn mehr und alles fi___ wieder von vorne an. We__ sie in ihrem Kleiderschrank kei____ Platz mehr hatte, stopfte s__ alles in große Säcke, d__ sie dann zur Altkleidersammlung bra_____. Natürlich konnte Maria mit 50 Eu__ Taschengeld ihre Einkaufssucht nicht finan_____, auch später nicht, als s__ mit 17 selbst Geld verdiente, de__ da ging der Kaufrausch er__ richtig los. Maria machte verzwe_____ Versuche, von ihrer Kaufsucht loszu_____, aber ohne Erfolg. Immer häuf_____ brach sie in Tränen a__, wurde nervös, fing an zu zit_____ und konnte sich nicht me__ richtig konzentrieren, bis ihre Elt____ sie schließlich zu einer Ärz____ schickten ...

4 Auch die Jungen shoppen gern – Ergänze den Text.

~~auch~~ – denn – ihm – ihn – ihnen – in – mehr – nur – ob – oder – ohne – vor – Wenn

Nicht nur Mädchen machen gerne Shopping, es gibt ____auch____ Jungen, die beim Einkaufen kaum zu stoppen sind und fast _____ einen Kaufrausch verfallen. Bodo ist einer von _____. Wenn er in die Stadt geht, kommt er nie _____ Einkaufstüte zurück. Er bleibt nämlich _____ jedem Schaufenster stehen und geht in jedes Kaufhaus und in jeden Laden hinein oder fast in jeden, _____ er rennt jedem Schnäppchen nach. Das kann eine Jeans, ein T-Shirt, eine Uhr, eine CD, ein Buch _____ sonst was sein, Hauptsache, es gefällt _____ und ist billig zu haben. Es interessiert _____ dann wenig, _____ es Markenartikel sind oder nicht, mit einer Ausnahme: _____ es um ein Produkt für die Haare geht, dann will er _____ das Beste und ist auch bereit, ein paar Euro _____ zu zahlen, so wertvoll ist ihm sein langes, welliges Haar!

5 Darauf könnte ich nie verzichten – Markiere im Bericht die Konjunktiv-II-Formen.

80 Schüler und Schülerinnen der 9. Klasse einer Schweizer Schule haben einen Fragebogen ausgefüllt, durch den man erfahren wollte, worauf Jugendliche problemlos oder eventuell verzichten könnten , falls
5 sie müssten, und worauf sie absolut nie verzichten würden. Die Schüler durften in den drei Spalten je drei „Dinge" ankreuzen. Das Ergebnis hat mehr oder weniger bestätigt, was der heutige Trend ist. Zu den unmöglichen Verzichten zählt bei den rein materiellen Gegen-
10 ständen für 37 Schüler das Handy und gar 43 könnten sich ein Leben ohne Musikanlage nicht mehr vorstellen. 30 hätten große Probleme, wenn sie nicht mehr fernsehen dürften, und fast gleich viele, wenn sie sich nicht modisch kleiden könnten. Und bei den allgemei-
15 neren Verzichten sieht es so aus: Jeder vierte Schüler würde nie auf ein eigenes Zimmer verzichten, falls er eins hätte, jeder dritte wäre total unglücklich, wenn er auf Ferienreisen verzichten müsste, und über die Hälfte der Schüler, wenn sie keinen freien Ausgang mehr hät-
20 ten. Ohne was einige Schüler problemlos leben könnten? Natürlich ohne die Schule!

6 Und du? Fülle den Fragebogen aus und schreibe eine kurze Zusammenfassung.

Darauf könnte ich ...

☺ **problemlos** verzichten.   ☺ **eventuell** verzichten.   ☹ **unmöglich** verzichten.

_____   _____   _____
_____   _____   _____
_____   _____   _____

Ich könnte problemlos auf das Frühstück verzichten. Ich bekomme immer erst um 10 Uhr Hunger.

7 Konjunktiv II – Ergänze die Sätze.

1. Wenn ich nicht lernen _müsste_, dann k_____ ich kommen.
2. Wenn ich _wüsste_, was dein Problem ist, dann k_____ ich dir helfen.
3. Wenn du nicht so spät gekommen w_____, dann m_____ du jetzt nicht auf die U-Bahn warten.
4. Wenn ihr ehrlich w_____, dann k_____ man euch glauben, aber so nicht.
5. Wenn ich es w_____, dann w_____ ich dich doch nicht fragen.
6. Wenn es keine Döner mehr g_____, dann w_____ wir auch mal eine Bratwurst essen.
7. Wenn ich 18 w_____, dann d_____ ich Auto fahren und m_____ nicht mit dem Fahrrad zur Schule.
8. Wenn wir mehr Taschengeld h_____, dann k_____ wir öfter einkaufen gehen.

15

8 Zwei Pronomen als Ergänzungen

a Schreibe Sätze wie im Beispiel.

1. Er hat seinem Bruder eine Uhr geschenkt.   _Er hat sie ihm geschenkt._
2. Könntest du uns die Videokassette leihen?   _____
3. Wer kann Sabrina die Stadt zeigen?   _____
4. Wir möchten Oma Blumen bringen.   _____
5. Ich würde dir gern meinen Freund vorstellen.   _____
6. Hättet ihr euren Eltern die Wahrheit gesagt?   _____
7. Ich habe meinem Bruder eine CD gekauft.   _____
8. Meine Freundin hat mir ein T-Shirt mitgebracht.   _____
9. Was habt ihr Frau Winter zum Geburtstag gekauft?   _____

b Wie viele Varianten fallen dir ein? Schreibe Fantasiesätze.

1. Möchtest du sie ihm zeigen?
2. Er hat ihr noch nie gefallen.
3. Sie hat ihn ihnen doch gegeben.

Möchtest du Peter die CD zeigen? Möchtest du deinem Vater deine neue Freundin zeigen? ...

9 Verkäufer und Käufer – Schreibe die zwei Dialoge.

Dialog 1 – Verkäufer/in

- Was wünschen Sie?
- ○ Ich suche ein Buch von Franz Hohler.
- Können Sie mir den Titel sagen?
- ○ _____
- Lassen Sie mich mal im Computer nachschauen.
- ○ _____
- Ist es „Wenn ich mir etwas wünschen könnte"?
- ○ _____
- Soll ich das Buch als Geschenk einpacken?
- ○ _____

Dialog 2 – Verkäufer/in

- Kann ich dir helfen?
- ○ _____
- „Leben leben" meinst du?
- ○ _____
- Da ist sein Hit „Kleider machen Leute" drauf.
- ○ _____
- Moment, ich schau nach … Das sind 18 Euro.
- ○ _____
- Sonst noch was?
- ○ _____

Käufer/in:

a) Ja, ich hätte gern die neueste CD von Ben.
b) Ja, richtig, das ist es!
c) Gerne, das wäre sehr nett.
d) Kann sein, ich kenne den Titel des Albums nicht.
e) Gerne … ah, ich glaube der Titel hat etwas mit „wünschen" zu tun.
f) Ich suche ein Buch von Franz Hohler.
g) Nein danke.
h) Ja, dann ist es genau die. Wie viel kostet sie?
i) Ich kann mich leider nicht daran erinnern, es müsste aber ein Kinderbilderbuch sein.
j) Hm … ganz schön teuer!

10 Kleider machen Leute

a Höre das Lied. Welche Marken kennst du? Markiere.

Calvin Klein – Pepe – Pash – Nike – Burberry
Gola – Joines – Carhartt – Mexx – Gap and Etnies
Helmut Lang – Miu Miu – Pro-Keds and Chanel
Dockers – OshKosh – Southpole – Fubu and Diesel
Guess – Dior – Laura Berg – Walsh – Adidas
Polo Sport – Logg – Strenesse was soll denn das
Gucci – Rolex – Esprit – Armani – Oilily
DKNY – Replay – Miss Sixty – Energie
Versace – Mikaze – Lacoste es was es wolle
Warum spielt Kleidung die größte Rolle?
Donna Karan – H&M – No Name – Yves Saint Laurent
Dries Van Noten – Zeiss and Dr. Martens

*Kleider machen Leute
zumindest war das so bis heute
jetzt wird sich ausgezogen und ganz ungelogen
nackt sehen wir fast gleich aus*

*Kleider machen Leute
zumindest war das so bis heute
hört auf euch klein zu machen wegen Anziehsachen
denn nackt sehen wir fast alle gleich aus*

Prada – Dolce & Gabbana – Lagerfeld – van Laack
Mecca – PX – Yamamoto wer's gerne mag
Blue System – La Perla – Levi Strauss & Co.
Abercrombie & Fitch – Stüssy and Kenzo ach so
Hugo Boss – La Crasia – Asics – Burlington
Timberland – Louis Vuitton hey wer hat das schon
Ralph Lauren – Sean John – Tom Tailor – Benetton
Keni Valenti – Fred Perry – Highlands kennt man schon
Marks & Spencer – Wrangler – Joines – Camper
Salamander – Hermès – Burton – Spencer's
Ellesse – Escada – Jil Sander – G-Star
Kookai – Marc O' Polo – Puma – Joop – Paul Smith alles klar

Kleider machen Leute …

Musik: Ben Lasse, Stephen Baader, Kai Kumpmann, Michael Kersting; Text: Ben Lasse, Michael Kersting
© by Edition Click III/Musik Edition Discoton GmbH
CBMG Music Publishing Germany, München;
© 2003 Gothic Musikverlag GmbH.

b Die eigene Meinung formulieren
Welche Aussagen von Ben findest du richtig?
Schreibe einen kurzen Text.
Die Beispiele aus dem Lied helfen dir.

Lerntagebuch

Datum

Ausstiege (Internet/Lektüren/Schreibansätze/Projekte ...)

Datum

Selbstevaluation	Aufgabe/n	Evaluation
Ich kann in einer kurzen Erzählung die Handlung verstehen.		☺ 😐 ☹
Ich kann interpretieren, was der Autor eventuell sagen möchte.		☺ 😐 ☹
Ich kann eine einfache Erzählung weiterschreiben.		☺ 😐 ☹
Ich kann einen Bericht über eine Umfrage verstehen.		☺ 😐 ☹
Ich kann selbst einen Fragebogen für eine Umfrage ausfüllen.		☺ 😐 ☹
Ich kann die wichtigsten Aussagen eines Liedes verstehen.		☺ 😐 ☹
Ich kann zu Aussagen meine eigene Meinung formulieren.		☺ 😐 ☹
Ich kann ein Einkaufsgespräch führen.		☺ 😐 ☹
Ich kann ...		☺ 😐 ☹
Wortschatz		
Ich kenne Wörter zum Thema „Kaufen/Verkaufen".		☺ 😐 ☹
Grammatik		
Ich kann den Konjunktiv II erkennen und verwenden.		☺ 😐 ☹
Ich kann Sätze mit zwei Pronomen als Ergänzungen formulieren.		☺ 😐 ☹

Geschichte

Bei dem Schülerwettbewerb „Ost-West-Geschichte(n) – Jugendliche fragen nach" haben 3856 Kinder und Jugendliche im Alter zwischen 8 und 21 Jahren 947 Beiträge geschrieben. Am Ende fiel der Jury die Wahl sehr schwer, denn alle Schüler und Schülerinnen haben sich sehr engagiert und hätten einen Preis verdient. Hier eine Geschichte aus den 19 besten Beiträgen.

Über die Mauer springen –
Ein unverhoffter Besuch im Westen
Von Almut Furchert

A 10. Februar 1989. Aufgeregt marschiert unsere Familie in die Polizeistelle der Kreisstadt. Allen voran Gabriel, der Jüngste mit seinen knapp vier Jahren. Im Warteraum schaut Honecker[1], freundlich eingerahmt, auf uns herab. Auf den kargen Tischen liegen die üblichen Tageszeitungen. Als unsere Nummer aufgerufen wird, schnellen wir von den Plätzen. Wenige Minuten später halten wir die Pässe in der Hand. „Und da ist wirklich der Stempel drin, mit dem wir zu Opa und Oma fahren können?" So richtig begreifen werden wir es wohl erst, wenn wir wirklich dort sind.

B Drei Tage später, am Bahnhof Friedrichstraße[2], erwarten uns einige Ostberliner Verwandte. Sie wollen es mit eigenen Augen sehen. Mir ist mulmig zumute, als sie uns nur nachschauen können, wie wir in der Abfertigungshalle verschwinden.
Wir reihen uns in die Schlange anstehender Rentner ein. Irgendwie scheint unsere Familie nicht recht in dieses Bild zu passen. Wir fühlen die Blicke auf uns gerichtet. Dementsprechend reagieren auch die Zollbeamten, als wir den ersten Kontrollpunkt erreichen. Sie blättern immer wieder ungläubig in unseren Pässen: „So etwas gibt es doch gar nicht." Dann begutachten sie ausführlich meine Konzertflöte, die Geige von Manuela und die Gitarre meiner Mutter. Sie scheinen fast nach Gründen zu suchen, unsere Ausreise doch noch zu verhindern, indem einer von ihnen uns erklärt, dass man Instrumente nicht ausführen darf. „Eigentlich ist so etwas überhaupt nicht möglich. Eine ganze Familie! Das habe ich noch nie erlebt." „Nun", gibt Mutti zurück, „das ist eben ein Wunder." Der Beamte schaut uns kopfschüttelnd nach, als wir weitergehen. (…)

C Als wir die S-Bahn betreten, werden wir von den Mitreisenden, die mit uns in den leeren Zug steigen, etwas skeptisch gemustert. Dann endlich ruckt die Bahn an. (…) „Wir fahren, wir fahren wirklich!" Michael, Gabriel und Johannes haben sich auf die Sitzbank gehockt und die Gesichter ans Fenster gepresst, um ja nichts zu verpassen. Mutter laufen die Tränen über die Wangen; Vati beobachtet mit gerührt stolzem Lächeln seine fünf Sprösslinge. Dann ist es so weit: Wir starren gebannt auf ein Gebilde, welches ich noch nie zuvor gesehen hatte, dessen schwerwiegende Bedeutung uns aber – und gerade jetzt – tief im Herzen bewusst wird. Es ist die Mauer. Ich halte den Atem an, als wir hoch über sie hinwegfahren. Aufatmen. Lachen. Weinen. Wir halten einander in den Armen: „Wir sind wirklich über die Mauer gesprungen!" (…)

D In den zehn Tagen im Westen fühle ich mich manchmal, als hätte jemand über Nacht unseren alten Schwarz-Weiß-Fernseher gegen ein neues Gerät eingetauscht: Beim Einschalten sehen wir uns nicht nur völlig neuen Programmen gegenüber. Die ganze Welt ist auf einmal von bunten Farben durchflutet. (...)
Ein weiteres Gefühl lerne ich während unseres Besuchs in der „verbotenen Welt" kennen: Wenn ich mit meinen Geschwistern ausgelassen über den Ku'damm[3] bummle, fasziniert vom Gedanken, wirklich „drüben" zu sein, oder mit der Familie durch den Zoo schlendere oder ganz einfach nur in der Wohnstube der Großeltern bunte Zeitschriften durchblättere, spüre ich etwas von Freiheit, so als wären mir gerade Flügel gewachsen. (...)

E Dass der Westen uns fremd war, illustriert auch die folgende kleine Geschichte: Als Großvater die Verwandtschaft zum Essen in eine Gaststätte lädt, scheint meinem damals sechzehnjährigen Bruder Michael auf einmal der Appetit vergangen zu sein. Stattdessen macht er aber Erinnerungsfotos von seinem immer noch unangerührten Essensmenü. Was war passiert? Er hatte in der Speisekarte herumgeblättert und mit Erschrecken den Preis seines Essens festgestellt. Nach einigen rechnerischen Überlegungen kam er zu dem Schluss, dass er so einen Wert doch nicht einfach verspeisen konnte: „Mensch, dafür könnte man hier drei Uhren oder bei uns einhundertfünfzig Ostmark kriegen. Und das soll ich einfach so aufessen?!"

F Unangefochtener Höhepunkt unserer Reise ist natürlich die diamantene[4] Hochzeit unserer Großeltern. Wir feiern sie in dem Bewusstsein, dass wir einander an diesem Ort wohl nicht so schnell wiedersehen werden. Nach zehn Tagen heißt es dann Abschied nehmen. Von lieben Menschen, die uns so herzlich aufgenommen haben. Von einer Welt, die bald zur Vergangenheit gehören wird. (...)
Am Rückreisetag in die DDR finden wir keine Zeit mehr, unsere Personaldokumente, die wir dort als Pfand hinterlegen mussten, wieder abzuholen. Um Missverständnissen vorzubeugen, ruft meine Mutter in der Polizeidienststelle an. Als sie sich vorstellt, glaubt sie, eine große Erleichterung am anderen Ende der Leitung zu verspüren: „Familie Furchert? Sie? Gut, dass Sie wieder da sind."

1 bis 1989 Partei- und Regierungschef in der DDR
2 ehemaliger Grenzübergang zwischen Ost- und Westberlin
3 Ku'damm = Kurfürstendamm, Einkaufsstraße in Westberlin
4 wenn man 60 Jahre verheiratet ist

1 Einen Text gliedern – Lies die Überschriften und ordne sie den Abschnitten zu.

Abschnitt

1. *Erfahrungen an der Grenze* _____

2. *Zurück in die DDR* _____

3. *Der Sprung über die Mauer* _____

4. *Reisepässe für Familie Furchert* _____

5. *Bunte, verbotene Welt* _____

6. *Fremder Westen* _____

2 Beantworte die Fragen 1–7 mit Informationen aus dem Text.

1. Wie viele Geschwister hat Almut?
2. Wie lange war Familie Furchert in der BRD?
3. Was war so besonders an der Ausreise?
4. Was war der Grund der Reise?
5. Was hat Almut in Westberlin gut gefallen?
6. Warum hat ihr Bruder Michael sein Essen nicht gegessen?
7. Warum ruft Almuts Mutter zu Hause die Polizeistation an?

1. 75   2. 124   3. 53–60   4. 119–121   5. 85–101   6. 102–118   7. 132–137

3 Zeitangaben – In Texten über historische Ereignisse gibt es viele Zeitangaben. Markiere im Text Wörter und Satzteile, die etwas über Zeit aussagen.

Im Sommer 1995 verhüllten der Künstler Christo und seine Frau Jeanne-Claude den Reichstag in Berlin. Christos Planung zur Verhüllung des Reichstags in Berlin hatte schon vor 24 Jahren, also lange vor dem
5 Ende der DDR, begonnen. Zu dieser Zeit trennte eine Mauer direkt neben dem Reichstag Westberlin und Ostberlin, das damals Hauptstadt der DDR war. Die Verhüllung sollte vom Westen und vom damals kommunistischen Osten zu sehen sein.

10 Viele Leute waren zunächst dagegen, den Reichstag, ein Symbol der deutschen Geschichte, zu verhüllen. Als die Aktion dann im Sommer 1995 endlich stattfand, war die Mauer schon weg und die DDR existierte nicht mehr. Millionen Touristen kamen in den
15 drei Wochen, die die Aktion dauerte, nach Berlin, um das verhüllte Gebäude zu sehen. Am ersten Wochenende waren es 700.000 Besucher. Fast alle waren begeistert.

4 Deutsche Geschichte – Ordne die Zeitangaben den Sätzen zu. Vergleiche mit S. 57 im Kursbuch.

1. Berlin und Deutschland waren geteilt.   ____ a) seit 1990
2. Hitler ließ politische Gegner verfolgen.   ____ b) ab 1871
3. Die Deutschen begannen den Zweiten Weltkrieg.   ____ c) im Jahre 1919
4. Die Frauen bekamen in Deutschland das Wahlrecht.   ____ d) nach dem Reichstagsbrand
5. Deutschland entwickelte sich zu einem Industriestaat.   ____ e) ab 1933
6. Der Kaiser musste Deutschland verlassen.   __1__ f) mehr als 40 Jahre
7. Die deutschen Staaten sind vereint.   ____ g) 1918, nach dem 1. Weltkrieg
8. Es gab praktisch kein Parlament mehr in Deutschland.   ____ h) 1961
9. Die Mauer wurde auf die Grenze gebaut.   ____ i) während des Kaiserreichs
10. Der Kaiser und der Reichskanzler machten die Politik.   ____ j) 1939

5 Zeitangaben im Satz

a Es gibt zwei Möglichkeiten. Vergleiche.

> 1. Mehr als 40 Jahre waren Berlin und Deutschland geteilt.
> Berlin und Deutschland waren mehr als 40 Jahre geteilt.

b Schreibe die Sätze 2–6 aus Aufgabe 4 in beiden Formen auf wie in 5a.

_____
_____
_____
_____
_____
_____
_____
_____

6 Wortfeld „Politik" – Ein Quiz

a Ergänze die Sätze.

1. Man hat es, wenn man wählen darf: _____.

2. In Deutschland nennt man den Regierungschef: _____.

3. Politische Organisationen von Menschen mit ähnlicher Meinung: _____.

4. Deutschland war von 1933 bis 1945 eine: _____.

5. Eine Staatsform, in der es immer ein Parlament gibt: _____.

6. Die Mitglieder des Parlaments heißen auch: _____.

7. Das ist die politische Spitze des Landes: _____.

8. In einer Demokratie wählen es die Bürger: _____.

b Eine Umfrage – Höre zu. Wie viele richtige Antworten hast du?

12

7 Plusquamperfekt und Präteritum – Ergänze die Sätze.

Der Wecker klingelte um sieben Uhr. 1. Nachdem der Wecker __geklingelt__ hatte, __stand__ Christiane __auf__. (klingeln/aufstehen)   2. Nachdem sie _____ _____, _____ sie ins Bad und _____. (aufstehen/gehen/duschen)   3. Als sie ins Bad _____ _____ und _____, _____ sie ein Geräusch. (gehen/duschen/hören)   4. Nachdem sie das Geräusch _____ _____, _____ sie das Wasser _____. (hören/abstellen).   5. Nachdem sie das Wasser _____ _____, _____ sie sich _____. (abstellen/anziehen)   6. Als sie sich _____ _____, _____ sie in der Wohnung _____. (anziehen/nachsehen)   7. Nachdem sie _____ _____, _____ sie in die Küche und _____ Frühstück. (nachsehen/gehen/machen)   8. Nachdem sie noch einmal das Geräusch _____ _____, _____ sie die Balkontür und _____ ihre Freunde. (hören/öffnen/sehen)   Alle _____: „Alles Gute zum Geburtstag!" (rufen)

8 Welche Ereignisse passen zusammen?

a Verbinde 1–6 mit a–f.

1. In Paris wird der Eiffelturm gebaut. _____ a) Viele Menschen verlieren ihr Geld.

2. Die Ägypter erfinden die Hieroglyphen. _____ b) Viele Menschen feiern.

3. 1928 kommt die Weltwirtschaftskrise. _____ c) Sie gründen viele Städte.

4. Die Römer erobern Europa. _____ d) Er wird das Symbol der Stadt.

5. Die Amerikaner landen 1968 auf dem Mond. _____ e) Er bringt die Kartoffel nach Europa.

6. Columbus entdeckt Amerika. _____ f) Sie schreiben ihre Geschichte auf.

b **Was passiert wann? Verbinde die Sätze wie im Beispiel.**

Nachdem in Paris der Eiffelturm gebaut worden war, wurde er zum Symbol der Stadt.
Nachdem

14

9 **Das solltest du tun oder nicht tun – Ergänze die Sätze mit Aktivitäten. Es gibt mehrere Möglichkeiten. Vergleicht in der Klasse.**

viel Wasser trinken – rauchen – Pausen machen – telefonieren – laute Musik hören – weiterarbeiten – weggehen – Kaugummi kauen – lange wandern – sich bewegen – zuhören – Witze erzählen – schreien – aufräumen

1. Während d____ Lernens sollte man *Pausen machen* _____.
2. Während d____ Lernens sollte man nicht _____.
3. Während d____ Unterrichts _____.
4. Während d____ Unterrichts _____.
5. Während ein____ Diskussion _____.
6. Während ein____ Diskussion _____.
7. Während d____ Pause _____.
8. Während d____ Regens _____.
9. Während d____ Sports _____.
10. Während _____.

17

10 *Weil, deshalb* oder *wegen*? – Trenne die Wörter und die Sätze. Wo fehlt *weil*? Wo fehlt *deshalb* oder *wegen*? Schreibe den Text.

HEUTEWARDERGANZETAGEINEKATASTROPHE…ICHNURPECHHATTEZUERSTBINICHZUSPÄT AUFGEWACHT…BINICHZUSPÄTZUMBUSGEKOMMENDERBUSWARSCHONWEG…BINICHZU FUSSZURSCHULEGELAUFENALSICHINDERSCHULEANKAMHATTEDIESTUNDESCHONANGEFAN GENDASWAREINPROBLEM…WIRINDERERSTENSTUNDEEINEMATHEARBEITGESCHRIEBENHABE NICHKAMINDIEKLASSEUNDSETZTEMICHMEINLEHRERGABMIRDENTEST…MEINERVERSPÄTUNG WARERTOTALSAUERICHHATTEWENIGERZEITFÜRDENTEST…HABEICHJETZTEINESCHLECHTENO TEUND…DERSCHLECHTENNOTEBEKOMMEICHSTREITMITMEINEMVATER…GEHEICHMITMEI NENFREUNDENWEGUNDAMNÄCHSTENMORGENWACHEICHSPÄTAUF

> Heute war der ganze Tag eine Katastrophe, weil ich nur Pech hatte. Zuerst ...

11 Ein Brief – Setze die passenden Wörter in die Lücken ein.

aber – aber – ~~am~~ – am – dann – deshalb – dass – dass – denn – ins – in – mit – ob – seit – um – und – über – während – während – wegen – wenn – was – weil – wenn – zu

Stefan!

Das ist mein letzter Brief an dich. __Am__ Samstag waren wir _____ 19 Uhr verabredet. Du hattest mir gesagt, _____ wir uns _____ Kino treffen. Ich war pünktlich da! ___ du? Ich stand da und wartete. _____ ich auf dich wartete, habe ich nachgedacht: „Was mache ich, _____ Stefan heute nicht kommt? Vielleicht mag er dich gar nicht mehr? _____ Stefan hat angerufen und wollte mit dir _____ Kino gehen! Na ja, _____ er anruft, _____ muss er dich noch mögen. Das stimmt. _____ Stefan ist nicht hier!" Und ich habe ____ eine Stunde gewartet. Der Film lief schon ____ 30 Minuten. Aber ich wartete weiter. Dann habe ich mich gefragt, _____ wir einen anderen Tag verabredet hatten. Und _____ ich nachdachte, fiel mir ein, _____ ich den Termin sofort ___ meinen Kalender eingetragen hatte. Und da steht Samstag. Aber kein Stefan. _____ habe ich versucht, dich zu Hause ___ erreichen. Aber du warst nicht da. Und weißt du, ___ deine Mutter gesagt hat? „Stefan ist _____ Sabrina im Eiscafé." Ich bin wirklich sauer, _____ du mich angelogen hast. Aber bald lache ich wieder, _____ Sabrina ist total ätzend. _____ der blöden Kuh wirst du bald sehr unglücklich sein. Und ich werde kein Mitleid haben! M.

6

Lerntagebuch

Datum	

Ausstiege (Internet/Lektüren/Schreibansätze/Projekte …)

Datum	

Selbstevaluation	Aufgabe/n	Evaluation
Ich kann Staatsformen und politische Institutionen nennen.		☺ 😐 ☹
Ich kann Texten Informationen über historische Ereignisse entnehmen.		☺ 😐 ☹
Ich kann Ereignisse chronologisch wiedergeben.		☺ 😐 ☹
Ich kann Gründe nennen.		☺ 😐 ☹
Ich kann offizielle Entschuldigungen schreiben.		☺ 😐 ☹
Ich kann wichtige historische Daten und Fakten wiedergeben.		☺ 😐 ☹
Ich kann …		☺ 😐 ☹

Wortschatz		
Ich kenne Wörter zum Thema „Staat und Politik".		☺ 😐 ☹
Ich kenne Wörter zum Thema „Geschichte".		☺ 😐 ☹

Grammatik		
Ich kann die Konjunktionen *während* und *nachdem* verwenden.		☺ 😐 ☹
Ich kann Sätze mit *als* und *während* bilden.		☺ 😐 ☹
Ich kann Begründungen mit *wegen* formulieren.		☺ 😐 ☹
Ich kann Gründe mit *deshalb* angeben.		☺ 😐 ☹
Ich kann das Plusquamperfekt verwenden.		☺ 😐 ☹

Reisen

„Mein Leben & Ich" heißt das Buch zur gleichnamigen Fernsehserie, aus dem die folgenden Tagebucheinträge sind. Durch ihr Tagebuch versucht die 16-jährige Alexandra, die alle kurz Alex nennen, ihren Frust loszuwerden. Sie schreibt darin über ihre Eltern und ihren kleinen Bruder Basti, über Schule, Lehrer, Freunde, Hobbys und viel anderes. Auch über ihre „Urlaubsprobleme" …

24. Februar
Familienurlaub

Es ist mal wieder so weit: Meine Eltern planen unseren Familienurlaub. „Die schönste Zeit des Jahres" nennen sie das. Ich nenne es „Trip in die Hölle"! Wie jedes Jahr werden wir auch diesen
5 Urlaub auf einem heruntergekommenen Bauernhof in der Toskana verbringen. Meine Eltern finden dort einfach alles „irre romantisch": die Ameisen im Bad, die dreißig Birkenstockträger in der Gemeinschaftsküche und vor allem … sich selbst. Sobald sie Köln hinter sich gelassen haben, benehmen sie sich wie frisch verliebte Teenager. Sie halten Händchen, albern rum und knutschen in aller Öffentlichkeit. Das ist an Peinlichkeit nur noch zu überbieten, wenn mein Vater meint, er
10 müsse im Restaurant für uns alle das Essen bestellen. Die Speisekarte ist deutsch, der Kellner spricht Deutsch, nur mein Vater – ganz Mann von Welt – spricht Italienisch. Oder versucht es zumindest. Da kommen dann so Konstruktionen zustande wie „Cinque Bier mobile" oder „Uno spaghetto". Der Kellner fragt sich wahrscheinlich, ob mein Vater wirklich etwas essen oder über italienische Kleinwagen quatschen will. Wenigstens verschont uns meine Mutter mit ihrem Theken-
15 Italienisch. Dafür kommt sie aber ganz groß raus, wenn es darum geht, „lustige" Ansichtskarten an Freunde und Verwandte zu schreiben. Die bekommen dann Sätze zu lesen wie: ‚Vier' verstehen uns prima. Hier ist alles in ‚Dortmund' oder Morgen geht's zum schiefen ‚Wurm' von ‚Lisa'. Jedes Mal, wenn diese Karten unwiederbringlich im Briefkasten verschwunden sind, hoffe ich inständig, dass die italienischen Postangestellten zum Generalstreik aufrufen.
20 Der Einzige, der nicht nervt, ist übrigens Basti. Erfahrungsgemäß ist er den gesamten Urlaub damit beschäftigt, Fußball mit sich selbst zu spielen. Und da er das meist hinter dem Haus tut, muss ich ihm noch nicht mal dabei zusehen. Doch das ist auch wirklich das einzig Positive. Alles andere ist der Horror pur. Aber dieses Jahr wird alles anders. Am Ende haben wir nämlich doch noch eine Lösung gefunden, die selbst ich idyllisch finde. Das wird der Urlaub des Jahrhunderts:
25 Die drei fahren in die Toskana und ich bleib zu Hause!

7

19. Juli

Endlich allein zu Haus

Meine Eltern sind samt Basti und Hund für vierzehn Tage in die Toskana gefahren. Zugegeben: Jetzt, wo sie weg sind, merke ich erst, was mir ohne sie fehlt: nichts!

2. August

Alles wieder beim Alten

Meine Eltern sind gerade wiedergekommen. Der Urlaub war super, sagt mein Vater. Nur viel zu kurz. Tja, da sind wir ausnahmsweise mal einer Meinung ...

Mehr darüber: Sylvia Hartmann, *Mein Leben & Ich – Alex' geheimes Tagebuch*, SPFFP 2003 – www.meinlebenundich.de

1 Lesequiz – Lies die Tagebuchtexte und markiere oder ergänze die Lösungen bei den Quizfragen. Die Lösungen kannst du unten kontrollieren.

1. Wie ist der Zustand des Bauernhofs? — super – gut – schlecht
2. Wie finden die Eltern den Bauernhof? — sehr romantisch – ein wenig romantisch – unromantisch
3. Was produziert die Firma „Birkenstock"? — Sonnenbrillen – Sandalen – T-Shirts
4. Was machen die Eltern? — sie benehmen sich kindisch – gar nichts – sie streiten
5. Wie ist eine *peinliche* Situation? — lustig – langweilig – unangenehm
6. Wie ist „ein Mann von Welt"? — selbstsicher – unerfahren – langweilig
7. Welches Wort ist auch ein Autoname? — CINQUE – MOBILE – UNO
8. Was meint Alex mit *Theken-Italienisch*? — Jugendsprache – sehr einfache Sprache – Kindersprache
9. Wie sind die Sätze von Zeile 16–17 korrekt? — _ _ r verstehen uns prima. Hier ist alles in O r d _ _ _ _ . Morgen geht's zum schiefen _ urm von _ isa.
10. Was sollen die Postangestellten? — mehr arbeiten – nicht arbeiten – besser arbeiten
11. Wie ist eine *idyllische* Lösung? — gut – schlecht – katastrophal
12. Wer fehlt Alex? — die Familie – der Hund – niemand
13. Warum sind Alex und ihr Vater „einer Meinung"? — weil nur eine/r etwas sagt – weil sie das Gleiche denken – weil beide keine Meinung haben

Lösungen:

1 schlecht 2 sehr romantisch 3 Sandalen 4 sie benehmen sich kindisch 5 unangenehm 6 selbstsicher 7 Uno (Fiat Uno) 8 sehr einfache Sprache 9 Wir verstehen uns prima. Hier ist alles in Ordnung. Morgen geht's zum schiefen Turm von Pisa. 10 nicht arbeiten 11 gut 12 niemand 13 weil sie das Gleiche denken

2 Urlaub mit der Familie oder mit Freunden? – Sammle Argumente. Vergleicht im Kurs.

3 Ergänze mit den passenden Verben in der passenden Zeitform.

anfangen – aufhören – ~~bitten~~ – entscheiden – gefallen – hassen – lieben – vergessen – versuchen

1. Sie haben uns ___gebeten___, pünktlich zu sein, damit wir um sieben abfahren können.
2. Mein Vater _____ es, am Sonntag im Bett zu frühstücken, aber meine Mutter mag es nicht.
3. Früher _____ ich oft _____, die Aufgaben zu machen, heute passiert mir das nicht mehr.
4. Wann habt ihr _____, Gedichte zu schreiben?
5. Er _____ ein ganzes Jahr lang, einen neuen Job zu finden, bevor er seine eigene Firma gründete.
6. Wir _____ es, im Urlaub früh aufzustehen, denn wir gehen immer spät schlafen.
7. Er hat sich _____, erst morgen nach München zu fahren.
8. Warum hast du _____, Italienisch zu lernen? Hattest du dabei keinen Spaß?
9. Schon mit 12 Jahren _____ es mir, neue Klamotten zu kaufen.

4 Nebensätze mit *zu* und Infinitiv – Ergänze mit den Wörtern aus den Kästen.

a Adjektiv + Verb

1. Es war ___interessant___, dir bei der Arbeit ___zuzuschauen___.
2. Ohne Handy ist es _____, sie _____.
3. Ich bin _____, endlich deine Stimme _____.
4. Es ist _____, das Problem _____.
5. Ist es _____, seine Adresse _____?
6. Wir sind _____, in Urlaub _____.
7. Es ist _____, seinen Namen _____.

```
schwer + lösen
froh + hören
kompliziert + aussprechen
glücklich + fahren
unmöglich + erreichen
interessant + zuschauen
möglich + herausfinden
```

b Nomen + Verb

1. Ich habe keine ___Zeit___, auf euch ___zu warten___.
2. Ich habe _____, die Sprache _____.
3. Macht es dir _____, ihm _____?
4. Ich habe keine _____, Tennis _____.
5. Hast du keine _____, abends _____?
6. Es hat mir große _____ gemacht, dich _____.
7. Habt ihr die _____, uns die Stadt _____?

```
Angst + ausgehen
Lust + spielen
Zeit + warten
Freude + wiedersehen
Spaß + zuhören
Möglichkeit + zeigen
Mühe + verstehen
```

5 Relativsätze – Was passt zusammen?

1. Ich habe einen Freund,
2. Wie heißt die Stadt,
3. Lies den Satz vor,
4. Möchtest du das Buch,
5. Das ist das Hotel,
6. Wer ist das Mädchen,
7. Gefällt euch meine neue Jeans,
8. Das sind gute Freunde,

___ a) von dem wir gesprochen haben?
___ b) wo wir unseren Urlaub verbringen.
___ c) mit dem du gerade gesprochen hast?
___ d) die ich heute zum ersten Mal trage?
___ e) auf die ich mich immer verlassen kann.
___ f) den wir an die Tafel geschrieben haben.
___ g) in die er umgezogen ist?
_1_ h) für den ich alles machen würde.

6 Textzusammenfassung – Ergänze mit den Relativpronomen und Präpositionen.

auf dem – ~~auf den~~ – auf denen – das – ~~der~~ – der – die – die – mit dem – über den – über die – von dem

Alexandras Eltern planen einen Sommerurlaub, __auf den__ sie sich überhaupt nicht freut. Die Familie verbringt die Ferien seit Jahren auf einem Bauernhof, __der__ alt und hässlich ist und _____ lauter langweilige Leute Ferien machen. Aber ganz besonders stören sie ihre Eltern, _____ sich wie Teenager benehmen. Und dann ist da noch ihr Vater, _____ sie sich ärgert, weil er im Restaurant den Kellner, _____ er Deutsch sprechen kann, auf Italienisch anspricht, obwohl er es nicht richtig kann. Oder ihre Mutter, _____ an Freunde und Verwandte Ansichtskarten verschickt, _____ blöde Sätze zu lesen sind, _____ man kaum lachen kann. Wenigstens hat sie zurzeit mit ihrem Bruder, _____ immer nur Fußball spielt, keinen Streit. Aber diesmal nimmt die Geschichte ein Ende, _____ sie super findet und _____ sie geträumt hat: Ihre Eltern und ihr Bruder fahren weg und sie bleibt allein zu Hause!

7 Relativsätze mit Präpositionen – Ergänze.

1. Ich treffe den Freund, m_it_ d_em_ wir gestern ins Theater gegangen sind, sehr selten.
2. Weißt du noch, wo die Jugendherberge liegt, i____ d_____ wir letztes Jahr waren?
3. Die Gästehäuser, i___ d_____ wir übernachten werden, sind alle sehr schön.
4. Kann man eigentlich in dem See, z___ d____ wir morgen fahren werden, baden?
5. Gibt es denn in dieser Jugendherberge keinen Ort, a____ d_____ man in Ruhe lesen kann?
6. Die Reise, f___ d____ ich mich interessiere, führt durch England und Schottland.
7. In London gibt es Kaufhäuser, i____ d_____ man den ganzen Tag verbringen könnte.
8. Der Platz, ü____ d____ wir gerade gehen, heißt „Trafalgar Square".
9. Die Tante, b___ d____ ich letztes Jahr zwei Wochen lang war, hat ein sehr schönes Haus.
10. Wer hatte die Party, b____ d____ wir uns kennen gelernt haben, damals organisiert?
11. Wer ist denn die Person, n_____ d____ du hier auf dem Foto bist?

13

8 Auf Reisen – Notiere die Situationen. Schreibe mit den 12 Sätzen 6 Minidialoge.

1. Kann ich zehn Briefmarken fürs Ausland haben?
2. Tut mir leid, aber wir sind komplett.
3. Wie viel kostet eine Fahrkarte nach Stuttgart?
4. Man hat mir meinen Geldbeutel gestohlen.
5. 1. oder 2. Klasse?
6. Haben Sie einen Katalog zur Ausstellung?
7. Dann füllen Sie bitte dieses Formular aus.
8. Apfelstrudel mit Vanillesoße.
9. Für Postkarten oder Briefe?
10. Haben Sie noch ein Zimmer frei?
11. Natürlich. Auf Englisch oder Deutsch?
12. Was ist die Spezialität des Hauses?

Auf der Post:
● Kann ich zehn Briefmarken fürs Ausland haben?
○ Für Postkarten oder Briefe?

9 Stell dir vor ... – Was fragst/sagst du?

1. ... du möchtest dich mit deiner Schwester zu jemandem an den Tisch setzen.
   Entschuldigung, sind hier noch zwei Plätze frei?

2. ... du suchst den kürzesten Weg zur Jugendherberge.
   Wie k

3. ... du möchtest wissen, ob der Kiosk Reiseführer verkauft.
   Entschuldigung, v

4. ... du hast Eistee bestellt, aber warmen Tee bekommen.
   Tut mir leid, aber ich h

5. ... du möchtest ins Museum, aber du kennst die Öffnungszeiten nicht.
   Können Sie mir s

6. ... du suchst ein Kaufhaus in der Nähe.
   Wo f

10 Im Hotel – Höre zu und kreuze an: richtig oder falsch?

1. Drei Personen möchten im Hotel übernachten. [x] [f]
2. Sie suchen ein Doppelzimmer. [r] [f]
3. Das Hotel hat nur noch ein Zimmer mit Bad. [r] [f]
4. Die Touristen möchten zwei Tage bleiben. [r] [f]
5. Am Dienstag fahren sie dann weiter. [r] [f]
6. Sie möchten im Hotel frühstücken. [r] [f]
7. Eine Nacht kostet 150 Euro. [r] [f]
8. Die Touristen bekommen Zimmer 31. [r] [f]
9. Das Zimmer ist im 1. Stock. [r] [f]
10. Die Touristen gehen gleich ins Zimmer. [r] [f]

16

11 Welche Präposition passt? Markiere.

1. Sie diskutieren am Montag immer um/über/auf die Sportresultate vom Wochenende.
2. Ich freue mich sehr für/an/auf die zwei Wochen Urlaub in Griechenland.
3. Wir gehen jeden Tag an/zu/von der neuen Pizzeria vorbei.
4. Hast du an/auf/über unsere Reisepläne nachgedacht?
5. Alle beschweren sich von/für/über die hohen Preise für Fahrkarten.
6. Mein Bruder bereitet sich auf/zu/an die Deutschprüfung vor.
7. Von/Mit/An wem hast du dich verabredet?
8. Sie spart ihr Taschengeld um/auf/für ein neues Handy.
9. Er hat auf/für/über die Kritik reagiert und lernt jetzt mehr für Deutsch.

12 Verben mit Präpositionen
Ordne die Präpositionen zu und schreibe Fragen mit wo(r)...

an – an – auf – für – über – über – um – von

1. denken _an_   Wor_an_ _____ _denkt_ _____ ihr?
2. sich interessieren ____   Wo_____ _____ er sich?
3. sich ärgern ____   Wor_____ _____ du dich?
4. träumen ____   Wo_____ _____ viele Mädchen?
5. warten ____   Wor_____ _____ wir?
6. lachen ____   Wor_____ _____ Kevin?
7. sich erinnern ____   Wor_____ _____ ihr euch?
8. sich handeln ____   Wor_____ _____ es sich?

13 wo(r).../da(r)... + Präposition: Was passt zu den Fragen in Aufgabe 12?

1. woran? – daran   2. ...

14 Präposition + da – Ergänze die Sätze.

1. ● Hast du dich ___ _über_ ___ das Geschenk gefreut?
   ○ Oh, ja, ich habe mich sehr ___ _darüber_ ___ gefreut.

2. ● Kommst du heute noch _____ Kiosk vorbei?
   ○ Ich gehe doch jeden Tag _____ vorbei.

3. ● Wen könnte ich wegen Tina _____ Rat bitten?
   ○ Du könntest deinen Bruder _____ bitten.

4. ● Wer nimmt _____ der Klassenfahrt teil?
   ○ Wir nehmen doch alle _____ teil!

5. ● Wartest du immer noch _____ einen Brief von ihm?
   ○ Ja, ich warte immer noch _____ , obwohl ich weiß, dass er nicht kommen wird.

6. ● Erinnerst du dich noch _____ deinen ersten Schultag?
   ○ Klar erinnere ich mich noch _____ ! Das war total aufregend.

15 Sachen oder Personen?
Ergänze die Minidialoge. Die markierten Wörter helfen.

1. ● __Worüber__ lachst du?
   __Über__ seinen neuen Haarschnitt?
   ○ Nein, den finde ich gut, ich lache nicht __darüber__.

2. ● _____ denkt ihr schon wieder?
   Wohl nicht _____ diese blöde Geschichte?
   ○ Doch, wir denken immer noch _____, sie geht uns einfach nicht aus dem Kopf.

3. ● _____ interessierst du dich? _____ Sport?
   ○ Nein, ich interessiere mich überhaupt nicht _____.

4. ● _____ träumst du gerade? Wieder _____ Johnny Depp?
   ○ Nein, diesmal träume ich nicht _____.

5. ● _____ spricht sie denn am Telefon?
   _____ ihrem Freund?
   ○ Ja, sie spricht schon seit 45 Minuten _____.

6. ● _____ ärgerst du dich? _____ deine Eltern?
   ○ Ja, ich ärgere mich _____, weil sie mich nicht verstehen.

7. ● _____ bereitet ihr euch vor? _____ den Mathetest?
   ○ Nein, _____ können wir uns nicht mehr vorbereiten, den haben wir gestern geschrieben.

8. ● _____ hast du denn so Angst?
   _____ den Hunden?
   ○ Ja, ich habe _____ Angst, weil sie mich nicht kennen.

19

16 Reise-Rätsel – Viele Wörter findest du auch im Kursbuch auf S. 70 und 73 im Wortfelderkasten. Löse das Rätsel und schreibe dann die Sätze a–h (ß = ss).

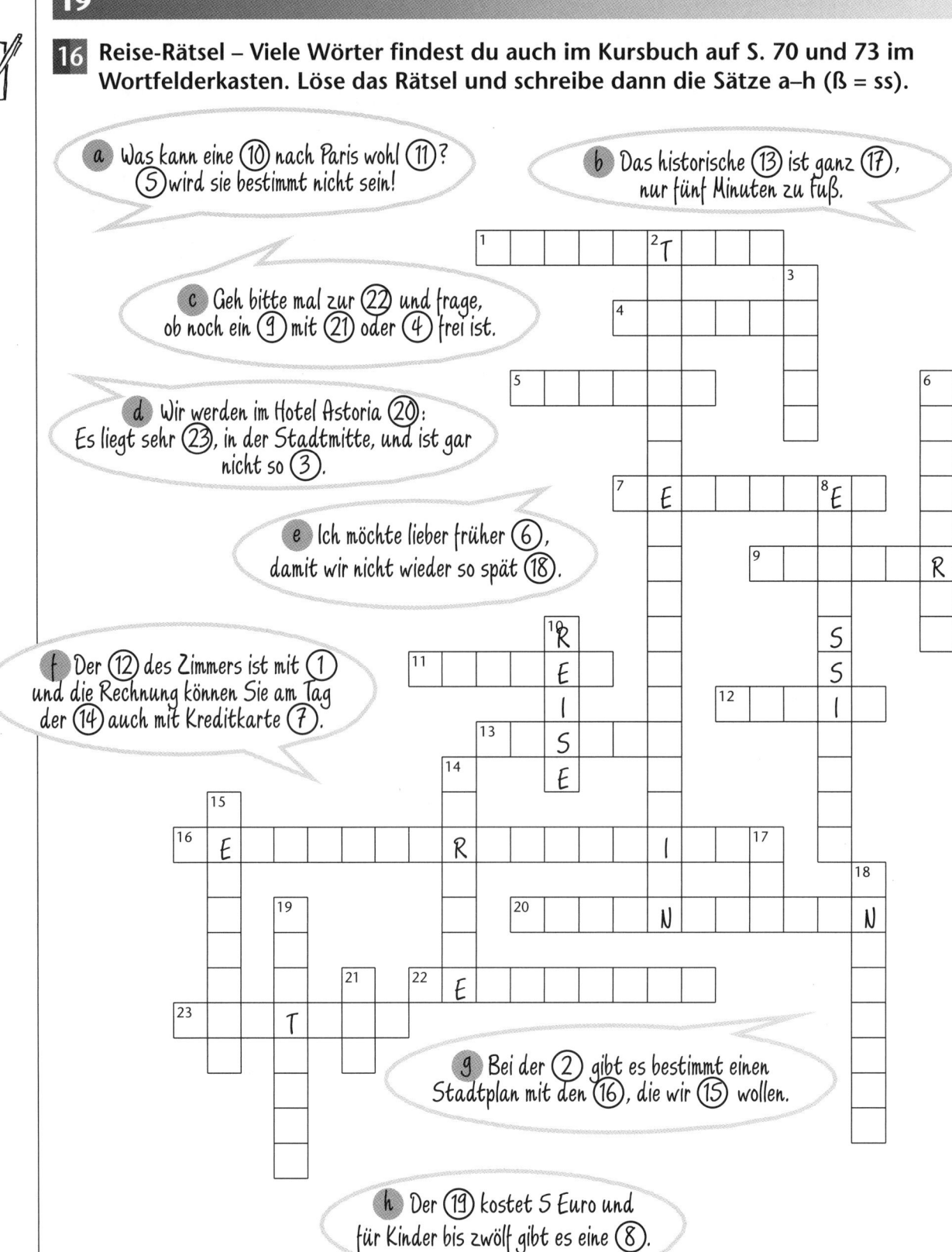

a) Was kann eine ⑩ nach Paris wohl ⑪? ⑤ wird sie bestimmt nicht sein!

b) Das historische ⑬ ist ganz ⑰, nur fünf Minuten zu Fuß.

c) Geh bitte mal zur ㉒ und frage, ob noch ein ⑨ mit ㉑ oder ④ frei ist.

d) Wir werden im Hotel Astoria ⑳: Es liegt sehr ㉓, in der Stadtmitte, und ist gar nicht so ③.

e) Ich möchte lieber früher ⑥, damit wir nicht wieder so spät ⑱.

f) Der ⑫ des Zimmers ist mit ①, und die Rechnung können Sie am Tag der ⑭ auch mit Kreditkarte ⑦.

g) Bei der ② gibt es bestimmt einen Stadtplan mit den ⑯, die wir ⑮ wollen.

h) Der ⑲ kostet 5 Euro und für Kinder bis zwölf gibt es eine ⑧.

Lerntagebuch

Datum

Ausstiege (Internet/Lektüren/Schreibansätze/Projekte …)

Datum

Selbstevaluation	Aufgabe/n	Evaluation
Ich kann einen Ferienbericht verstehen, der typische Urlaubssituationen beschreibt.		☺ ☺ ☹
Ich kann von meinen Urlaubsgewohnheiten berichten.		☺ ☺ ☹
Ich kann auf Reisen in verschiedenen Situationen Informationen erfragen.		☺ ☺ ☹
Ich kann mich über etwas beschweren.		☺ ☺ ☹
Ich kann ein Hotelzimmer reservieren.		☺ ☺ ☹
Ich kann Argumente pro und kontra „Reisen mit der Familie" formulieren.		☺ ☺ ☹
Ich kann …		☺ ☺ ☹

Wortschatz

Ich kenne Wörter zum Thema „Reisen".		☺ ☺ ☹

Grammatik

Ich kann Nebensätze mit *zu* und Infinitiv formulieren.		☺ ☺ ☹
Ich kann Relativsätze mit *wo* und mit Präpositionen verwenden.		☺ ☺ ☹
Ich kann Verben mit Präpositonen verwenden.		☺ ☺ ☹
Ich kann Fragen und Antworten mit *wo-/da-* + Präpositionen formulieren.		☺ ☺ ☹

Berufe

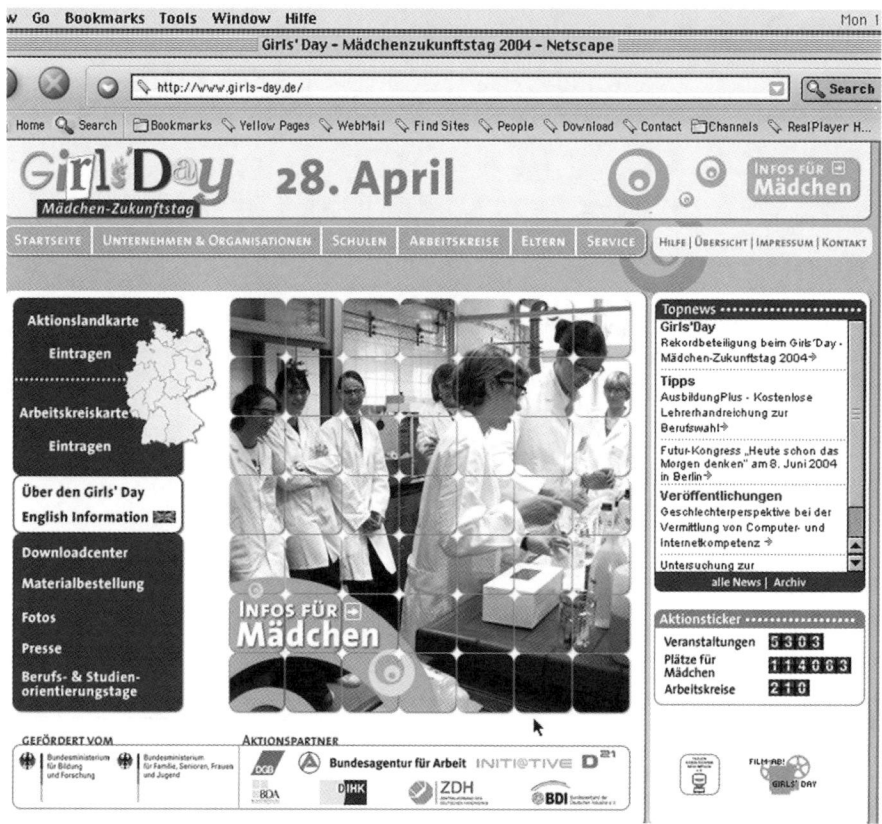

Jedes Jahr am vierten Donnerstag im April findet in ganz Deutschland der Girls' Day, der Mädchen-Zukunftstag, statt. Diese Aktion gibt es auch in anderen Ländern, z.B. in Österreich, der Schweiz und den Niederlanden.

Was ist die Idee?
Bei der Wahl eines Berufs oder eines Studiums entscheiden sich immer noch die meisten Mädchen für einen „typischen Frauenberuf". Das sind zum Beispiel Kindergärtnerin, Friseurin oder ein kaufmännischer Beruf. Nur sehr wenige Mädchen entscheiden sich für einen technischen Beruf, wenn sie mit der Schule fertig sind. Technische Berufe werden nur sehr selten gewählt, obwohl viele Mädchen ein starkes Interesse z.B. an Mathematik oder Naturwissenschaften haben. Um diese Situation zu ändern, sollen Mädchen und junge Frauen die Möglichkeit bekommen, sich über eine Vielzahl von Berufen zu informieren.

Wer nimmt daran teil?
An diesem Tag stellen sich vor allem technische Firmen und Betriebe mit technischen Abteilungen und Ausbildungen vor. Aber auch Universitäten und Forschungszentren nehmen am Girls' Day teil.

An dieser Aktion können Schülerinnen von allen Schulen, also von der Hauptschule bis zum Gymnasium, aus den Klassen 5 bis 10 teilnehmen. Sie sprechen mit Experten an ihrem Arbeitsplatz, können experimentieren und schrauben, löten, bohren oder Maschinen ausprobieren. Daneben erfahren sie auch viel über den Alltag in einem Beruf, was man dafür lernen und wissen muss und mit welchen Materialien gearbeitet wird.

Ziele der Aktion

An dem Aktionstag geht es auf der einen Seite natürlich um das Kennenlernen von Arbeitsfeldern mit technischer Orientierung. Die Mädchen können Fragen stellen und erforschen, was ihnen gut oder nicht so gut an einem Beruf gefällt. Auf der anderen Seite können die Schülerinnen beim Girls' Day auch Kontakte knüpfen, die für ihre berufliche Zukunft wichtig sind, wenn sie später z.B. einen Platz für ein Praktikum oder eine Ausbildung suchen. Die Idee vom Girls' Day soll aber auch in der Öffentlichkeit und in der Wirtschaft die Stärken der Mädchen deutlich machen, so dass die Aktion dabei hilft, jungen Frauen eine gute und interessante Zukunft im Berufsleben zu ermöglichen.

Und was machen die Jungen?

Die Jungen können an diesem Tag natürlich auch etwas für sich selber ausprobieren. Viele Schulen haben an diesem Tag ein eigenes Programm, das sich mit unterschiedlichen Themen beschäftigt. In einer Schule ohne Mädchen können die Schüler über die eigene Lebensplanung nachdenken. Was ist ihnen wichtig für die Zukunft? Wie können sie ihre Stärken in einem Beruf einsetzen? Wie wichtig ist ihnen der Beruf?

Neben Hospitationen in Kindergärten, Krankenhäusern, Friseursalons usw. gibt es in manchen Institutionen Workshops zu typischen Frauenberufen, in denen die Jungen Tätigkeiten aus dem Bereich Haushalt und Familie ausprobieren. Können sich die jungen Männer vorstellen, als Hausmann zu arbeiten? Was müssen sie dafür können?

Unter: www.girls-day.de findet man weitere Informationen zur Teilnahme und Berichte von den letzten Girls'-Day-Aktionen.

---

1 **Was bedeuten diese Wörter aus dem Text? Ordne 1–8 und a–h zu.**

1. Naturwissenschaft   _____ a) benutzen
2. Vielzahl   _____ b) praktischer Unterricht
3. Alltag   _____ c) Besuch/Besichtigung
4. Öffentlichkeit   _____ d) testen
5. einsetzen   _____ e) jeder Tag
6. ausprobieren   __1__ f) z.B. Biologie, Chemie, Physik
7. Hospitation   _____ g) größere Menge
8. Workshop   _____ h) alle Bürger

2 Steht das so im Text? Kreuze an: richtig oder falsch?

1. Der Girls' Day findet immer im Frühjahr statt. [r] [f]
2. Den Girls' Day gibt es auch in anderen Ländern. [r] [f]
3. Die Aktion ist nur für Schülerinnen am Gymnasium. [r] [f]
4. Viele Mädchen mögen die Fächer Mathe oder Bio sehr. [r] [f]
5. Junge Frauen wählen gerne technische Berufe. [r] [f]
6. In den Firmen können Schülerinnen viel selber machen. [r] [f]
7. Die Kontakte zu den Firmen sind später nicht so wichtig. [r] [f]
8. Die Aktion will zeigen, dass Mädchen für technische Berufe gut geeignet sind. [r] [f]
9. Für die Jungen gibt es keine separaten Aktionen. [r] [f]
10. Die Jungen können z.B. über die eigene berufliche Zukunft nachdenken. [r] [f]

3 Meinungen formulieren – Sollte es diese Aktion auch an eurer Schule geben? Schreibe einen kurzen Text, warum du dafür oder dagegen bist.

> Ich bin für einen Girls' Day. Ich finde es gut, wenn Schülerinnen …

> Ich bin gegen so einen Tag. Ich finde, ein Tag ist zu kurz. Die Aktion sollte …

4 Kreuzworträtsel

a Welche Berufe sind hier gemeint?

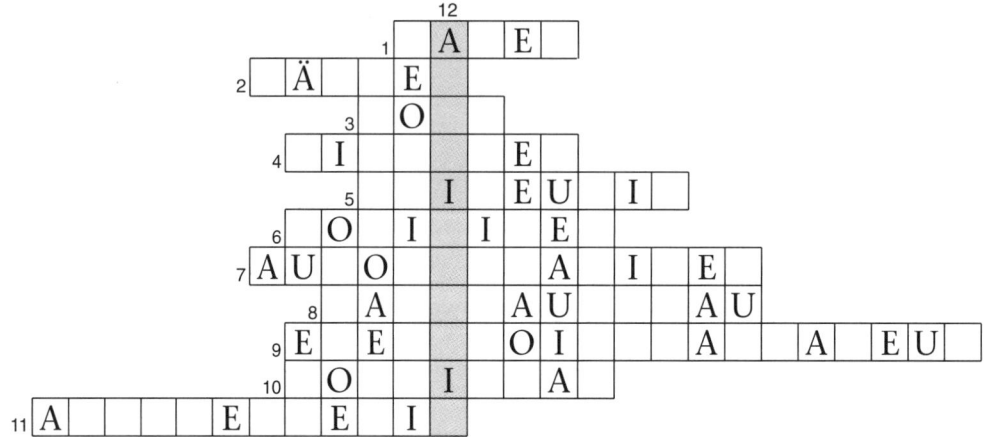

Waagerecht:
1. Er renoviert Häuser, Zimmer, Wände.
2. Er backt Brot und Kuchen.
3. Er macht Essen im Restaurant.
4. Er arbeitet mit Holz.
5. Sie schneidet uns die Haare.
6. Man kann ihn wählen und er ist oft in einer Partei aktiv.
7. Man braucht ihn, wenn das Auto kaputt ist.
8. Sie hat jeden Tag mit Geld und Krediten zu tun.
9. Er kann einen Küchenherd reparieren.
10. Er sucht Kriminelle und Gangster.
11. Sie assistiert einem Doktor.

Senkrecht:
12. Sie plant und konstruiert Häuser.

b Wähle vier Berufe aus. Welche Voraussetzungen muss man für diese Berufe erfüllen? Schreibe Aussagen. Vergleicht in der Klasse.

1. Wenn man … werden möchte, dann sollte man …
2. Wenn man als … arbeiten möchte, dann …
3. Wenn man in …, dann muss man …
4. …

> Lehrer:
> Wenn man Lehrer werden möchte, dann sollte man Kinder und Jugendliche mögen.

5 Welche Berufe gibt es in deiner Familie, bei deinen Freunden? Wie heißen sie auf Deutsch? Arbeite mit dem Wörterbuch.

6 Ein Quiz – Viele Wörter haben zwei Bedeutungen. Sie bedeuten nicht *nur … sondern auch*. Was passt zu diesen Wörtern? Verbinde die Informationen.

eine Wohnung für Könige und Kaiser – ein Teil einer Lampe – männliche Katzen – ein kleines Tier – eine Frucht – ein Teil einer Tür – 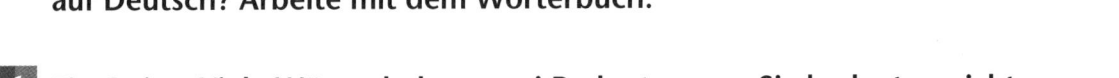 ein Geldinstitut – bei der Gymnastik – ein Platz zum Sitzen im Park – am Weihnachtsbaum – Kopfschmerzen nach zu viel Alkohol – ein Teil eines Computers

Eine Bank ist nicht nur …   Eine Kerze gibt es …
Ein Schloss ist nicht nur … Kater sind …
Eine Birne ist nicht nur …   Eine Maus ist …

> Eine Bank ist nicht nur ein Geldinstitut, sondern auch ein Platz zum Sitzen im Park.

7 *Nicht nur … sondern auch* – Schreibe die Sätze.

1. Ausbildungsplätze / finden / man / in Betrieben / beim Staat
2. Studenten / lernen / in der Universität / zu Hause
3. Ein Koch / müssen / das Essen vorbereiten / die Einkäufe planen
4. Für eine Bewerbung / schreiben müssen / man / Bewerbungsbrief / Lebenslauf
5. Ein Praktikant / kennen lernen / Berufe und Arbeitsfelder / Kontakte knüpfen
6. Azubis / lernen / im Betrieb / in der Berufsschule

> 1. Ausbildungsplätze findet man nicht nur in Betrieben, sondern auch beim Staat.

15

8 Tatsachen und Konsequenzen

a Ergänze die Sätze.

macht eine Ausbildung zur Arzthelferin – bin Automechaniker geworden – möchte keine Bäckerlehre machen – arbeite gerne in der Firma – gehe nicht zu Petras Feier – kann Geld sparen

1. Sabine interessiert sich sehr für Medizin, deshalb _macht sie eine Ausbildung zur Arzthelferin._
2. Ich muss morgen sehr früh zur Arbeit, darum _____
3. Ein Bäcker muss um 4 Uhr aufstehen, deswegen _____
4. Während meiner Ausbildung verdiene ich 420 Euro, daher _____
5. Meine Kollegen sind sehr nett, deshalb _____
6. Ich habe immer gerne an Maschinen gebastelt, deswegen _____

b Du kannst es auch anders sagen – Schreibe Sätze mit *denn* und *weil* wie im Beispiel.

> 1. Sabine macht eine Ausbildung als Arzthelferin, weil sie sich sehr für Medizin interessiert.
> 2. Ich gehe nicht …

16

9 Das Verb *lassen* – Schreibe die Sätze.

1. Meine Mutter schimpft zwar, aber   ich / mir / trotzdem / die Haare grün färben.
2. Wir kochen heute nicht, sondern   wir / uns / eine Pizza nach Hause bringen.
3. Cool, Stefan kann viel essen,   er / sich / sein zweites Steak / bringen.
4. Wo / du / dein Moped reparieren?   Bei „Kfz-Müller", der ist billig.
5. Monika macht nichts selbst,   sie / von ihrem Freund / die Schultasche tragen.
6. Tschüs, Sabine, viel Spaß im Urlaub und   dich / von der Sonne bräunen.
7. Was machen Tom und Ingo in dem Laden?   Sie / sich / PC-Spiele zeigen.
8. Wenn ich Geld hätte, würde   ich / mir / die Hausaufgaben / machen.

> 1. Meine Mutter schimpft zwar, aber ich lasse mir trotzdem die Haare grün färben.

10 Und du? Von wem / Wen lässt du etwas machen? Schreibe drei Beispiele.

11 Interview mit Tina Brause

„Jump plus" ist ein Programm der Bundesregierung zur Bekämpfung von Jugendarbeitslosigkeit. Die Bundesregierung will mit diesem Programm 100.000 junge Leute zwischen 15 und 25 Jahren in Arbeit oder Qualifizierung bringen. Tina Brause, 21, aus München macht bei dem Programm mit und will davon profitieren.

Höre den Text und kreuze die richtigen Aussagen an.

1.
- [a] Sie war gut in der Schule.
- [b] Lernen fand sie nicht cool.
- [c] Sie konnte nichts lernen.

2.
- [a] Mit 16 hatte Tina einen guten Abschluss.
- [b] Als sie mit der Schule fertig war, fehlte ihr ein qualifizierter Abschluss.
- [c] Sie war mit 16 noch nicht mit der Schule fertig.

3.
- [a] Nach der Schule hat sie 16 Bewerbungen geschrieben.
- [b] Sie hat einen Ausbildungsplatz bei einem Friseur bekommen.
- [c] Tina hat 66 Bewerbungen in zwei Jahren geschrieben.

4.
- [a] Sie hat zwei Ausbildungsverträge unterschrieben.
- [b] Zweimal waren Firmen interessiert, aber sie haben nie den Vertrag geschickt.
- [c] Zwei Verträge kamen mit der Post zu Tina.

5.
- [a] Beim Jump-Projekt hat Tina einen Ausbildungsplatz bekommen.
- [b] Tina lernt, Bewerbungen am Computer zu schreiben. Betreuer helfen ihr.
- [c] Das Jump-Projekt sucht für Jugendliche die richtigen Ausbildungsplätze aus.

6.
- [a] Tina hat sich für eine Ausbildung zur Erzieherin beworben.
- [b] Sie hat sich für eine Ausbildung zur Sozialpädagogin beworben.
- [c] Eine Kinderpflegerinnen-Schule hat Tina ein Angebot geschickt.

Mehr dazu:
www.bundesregierung.de/Nachrichten-,417.489657/Jump-plus-gegen-Jugendarbeitsl.htm

12 Berufe im Internet

Auf der Homepage findest du Informationen zum Thema Beruf.

a Lies die Homepage und dann die Wörter. Höre dann den Text. Welche Wörter kommen vor?

Berufskunde – Internet – Browser – Arbeitsamt – Adresse – Region – Spalte – Seite – Interesse – Auszubildende – auswählen – klicken – Liste – Tätigkeit – Hobbys – Vertrag – geeignet – Material – Eigenschaften – Mausklick – chatten – Berufsbezeichnungen – Anforderungsprofil – Berufsinformationszentrum – passend – Berufsschule

b Lies a–n und bringe die Aussagen in die korrekte Reihenfolge. Der Hörtext hilft.

a) ___ Daher sollte man bei der Berufswahl sorgfältig vorgehen.

b) ___ Ein weiteres Angebot ist die Rubrik AMAgenda.

c) _1_ Zum Thema Berufe findet ihr Informationen, wenn ihr im Internet verschiedene Begriffe zwischen www und der Endung .at eingebt.

d) _3_ Wenn man einen konkreten Beruf sucht, kann man unter „A bis Z" oder „Nach Gruppen" nachsehen.

e) ___ In beiden Rubriken findet ihr eine detaillierte Beschreibung eines Berufs.

f) ___ Das Programm führt dann zu Berufen wie Arzt oder Kraftfahrzeugtechniker.

g) _7_ Du kannst dir auch Berufe nach deinen Hobbys und Vorlieben vorschlagen lassen.

h) ___ Wir verbringen etwa 50 Jahre mit der Berufsausbildung und im Beruf.

i) ___ Wenn man als Hobby „Angeln" schreibt, wird das mit „Geduld haben" und „ruhig sitzen" assoziiert.

j) _12_ Es handelt sich um eine Schritt-für-Schritt-Liste, die dir bei der Berufsfindung helfen kann.

k) ___ Dann kann man nach Berufsbeschreibungen suchen.

l) ___ So kann man die Seite www.berufskunde.at finden.

m) ___ Hier findest du eine Aufzählung nach den Berufsbezeichnungen oder den Berufsgruppen.

n) ___ Dazu gibt es die Felder Tätigkeiten, Eigenschaften, Materialien, Hobbys und Arbeitsumgebung.

c Internetrecherche – Surfe auf www.berufskunde.com und informiere dich über Berufe, die dich interessieren. Besprecht eure Ergebnisse in der Klasse.

Lerntagebuch

Datum

Ausstiege (Internet/Lektüren/Schreibansätze/Projekte …)

Datum

Selbstevaluation	Aufgabe/n	Evaluation
Ich kann Berufe und Tätigkeiten nennen.		☺ ☻ ☹
Ich kann Informationen über Praktika und Berufsausbildung aus Texten entnehmen.		☺ ☻ ☹
Ich kann im Internet Informationen zum Thema „Berufswahl" sammeln.		☺ ☻ ☹
Ich kann in Hörtexten Informationen zum Thema „Beruf" verstehen.		☺ ☻ ☹
Ich kann Tatsachen und die Konsequenzen daraus formulieren.		☺ ☻ ☹
Ich kann …		☺ ☻ ☹

Wortschatz

Ich kenne Wörter zum Thema „Berufe".		☺ ☻ ☹
Ich kenne Wörter zum Thema „Ausbildung und Praktikum".		☺ ☻ ☹
Ich kenne Wörter zum Thema „Bewerbung".		☺ ☻ ☹

Grammatik

Ich kann Sätze mit *nicht nur … sondern auch* bilden.		☺ ☻ ☹
Ich kann Aussagen mit *deshalb, darum, daher, deswegen* verbinden.		☺ ☻ ☹
Ich kann das Verb *lassen* verwenden.		☺ ☻ ☹

Plateau 2

TESTTRAINING

Hier kannst du dich selbst testen. Löse zuerst alle Aufgaben. Kontrolliere dann mit den Lösungen auf Seite 106 und schreibe dein Ergebnis in die Tabelle auf Seite 109.

Leseverstehen (Detailverstehen) ca. 35 Minuten

Lies zuerst den Bericht und löse dann die Aufgaben 1–5. Entscheide, welche Lösung (a, b oder c) richtig ist und markiere sie. Achtung: Die Reihenfolge der Aufgaben folgt nicht immer der Reihenfolge des Textes.

Ohne Geld um die Welt
Gratisferien dank Reisetagebuch im Internet

Von Mai 2001 bis Juli 2003 war Ramon Stoppelenburg auf Weltreise ohne Geld. Dafür schaute der 26-jährige Student
5 ins Internet, wo immer es nur ging. Auf seiner Website www.letmestayforaday.com, die auch jetzt noch im Internet zu finden ist, führte er ein
10 Reisetagebuch und bat seine Leser, ihn für ein oder zwei Nächte bei ihnen übernachten zu lassen.
Während dieses Experiments
15 war Ramon in 18 Ländern. Er hat mehr als 3577 Einladungen erhalten, an die 10 000 Personen auf seinen Reisen kennen gelernt, in 500 verschiedenen Betten geschlafen, 1500 Mahlzeiten eingenommen und etwa 600-mal geduscht. Er war in
20 Europa unterwegs, aber auch in Südafrika, in Hongkong, in Australien und zuletzt in Kanada.

Ramon hat ursprünglich nur 35 Euro in seine Website investiert – umso mehr
25 Vorbereitungszeit musste er in sein Vorhaben stecken: Alle seine Flüge, Busreisen, ja sogar sein Rucksack und die Digital-
30 kamera für die 7000 Fotos, die er zusammen mit 550 Reiseberichten fast täglich ins Netz stellte, gingen auf das Konto
35 von Sponsoren. Dafür durften die Sponsoren auf der Website Werbung machen und bekamen Weblinks. „Meine Philosophie war, kein Geld auszugeben und mich auf Firmen und Fremde zu verlas-
40 sen", sagt der Student. Und weil ihm sein Ruf vielerorts schon vorauseilte, funktionierte das Konzept tatsächlich.

1. Ramon Stoppelenburg hat auf seiner Reise
   [a] kein Geld gebraucht.
   [b] das Geld von anderen Leuten bekommen.
   [c] das Geld von einer Tageszeitung bekommen.

2. Mehr als zwei Jahre
   [a] hat er Geld verdient, um reisen zu können.
   [b] ist er ohne Geld durch die halbe Welt gereist.
   [c] hat er Philosophie studiert.

3. Während des Experiments hat er
   [a] 3577 Personen eingeladen.
   [b] in 500 verschiedenen Hotels geschlafen.
   [c] 1500 mal unterwegs gegessen.

4. Er hat fast jeden Tag
   [a] Fotos und Berichte auf die Website gestellt.
   [b] einen Rucksack von Sponsoren bekommen.
   [c] eine Flugreise gemacht.

5. Auf seiner Website
   [a] findet man Kontonummern der Sponsoren.
   [b] bekamen die Firmen, die ihn unterstützten, Weblinks.
   [c] muss man sich anmelden und 35 Euro bezahlen.

Mögliche Punkte: 5 – Meine Punkte: _____

Leseverstehen (Selektives Verstehen)   ca. 15 Minuten

Lies zuerst die 10 Situationen. Lies dann die 12 Anzeigen (A–L). Welche Anzeige passt zu welcher Situation? Wenn du das, was du suchst, nicht findest, schreibe „x".

Anzeige

1. _____ Du möchtest einen Computer kaufen, der nicht viel kostet.
2. _____ Eine Freundin von dir sucht eine Stelle bei einer deutschen Familie.
3. _____ Eine andere Freundin hat sich in einen österreichischen Jungen verliebt.
4. _____ Deine Familie möchte nächste Woche in Urlaub fahren, hat aber noch nichts reserviert.
5. _____ Dein Bruder hat seine Ausbildung zum Koch abgeschlossen und sucht nun eine Stelle.
6. _____ Deine Cousine möchte mit ihren früheren Kolleginnen wieder Kontakt aufnehmen.
7. _____ Du suchst ein billiges Handy.
8. _____ Du hast im Sommer drei Wochen Urlaub und möchtest in Österreich Rad fahren.
9. _____ Du möchtest deine Videospiele gegen DVDs eintauschen.
10. _____ Du möchtest eventuell Koch werden und möchtest mehr über den Beruf wissen.

A Erinnerst du dich noch? Wir waren letztes Jahr in Porec/Kroatien im gleichen Camping in den Sommerferien. Wir haben Tischtennis gespielt und sind oft Rad gefahren. Leider habe ich deine Adresse verloren.
Bitte schreibe mir: **Thea Seidel, Bahnhofstr. 3, 97343 Iphofen**

B Restaurant Aquarell
9230 Flawil
Wir suchen ab sofort
Jungkoch/Jungköchin
Bist du aufgeschlossen, initiativ, teamfähig?
Dann ruf uns an.
Wir bieten 5-Tage-Woche, guten Verdienst, schönes Zimmer mit eigenem Bad.
Jan Brem, Tel. 07 13/70 24 65

C Suche Reisepartner für dreiwöchige Radtour durch die Schweiz. Möchte um den 15. Juli losfahren. Übernachten im Zelt. Interessiert?
Dann melde dich bitte bei:
Leo Ritter, Tel. 00 43/76 9 85 21

D Habe vor 4 Jahren mit fünf anderen Mädchen bei der Firma Gut in Bern ein Praktikum gemacht. Wer erinnert sich an mich und schreibt mir? Lisa Bieri, Im Graben, 3074 Muri

E **Fragen oder Probleme bei der Berufswahl?**
www.berufskunde.com

F **Tauschladen!**
Etwas bringen und dafür etwas mitnehmen.
Kein Geld!
Postplatz 24, Graz

G Bis zu 70% sparen! PCs, Bildschirme, Notebooks, Drucker. Alles wie neu.
www.secondhand.org

H Ich kann dich einfach nicht vergessen, lieber Maximilian aus Wien. Melde dich doch, bitte!
ariane.rohr@free.net

I **Ab sofort! Dringend!**
Familie in München sucht
Aupairmädchen
zur Betreuung ihrer zwei Kinder sowie Mithilfe im Haushalt. Eigenes Zimmer. Möglichkeit, Deutsch zu lernen.
Telefon 00 49/89 35 28 55

J Ich verkaufe ein Handy Nokia 6510 mit Sim-Karte, Cover, Akkuladegerät. Originalverpackung. Wer am meisten bietet, kriegt es.
Bitte schnell per SMS melden:
0 79/53 21 96

K Verschiedene **Last-Minute-Angebote** in ganz Europa.
www.sofortreisen.de

L Teen-Club
1 Woche im Doppelzimmer "all inclusive"
Euro 395.–
Unsere Leistungen:
☛ bequeme Direktflüge mit Sunair
☛ ideale Flugzeiten
☛ großes Sportangebot
Für weitere Infos: teenclub@tc.com

Mögliche Punkte: 10 – Meine Punkte: _____

Sprachbausteine

ca. 10 Minuten

Lies den folgenden Text und entscheide, welches Wort (A–O) in die Lücken 1–10 passt. Du kannst jedes Wort nur einmal einsetzen. Nicht alle Wörter passen in den Text. Schreibe deine Lösungen in die Lücken.

> **Schnäppchen per Mausklick**
> *Bei Ricardo, eBay und auktionZ können Sie beinahe alles kaufen, was das Herz begehrt. Die Jagd nach coolen Schnäppchen kann beginnen.*

Liebe/r ...,

sag mal, _____ ① du gewusst, _____ ② man online viele Sachen verkaufen kann, wenn man kein Interesse mehr an ihnen hat, aber auch Dinge kaufen kann, die man gerne _____ ③, die man sich aber im Laden _____ ④ des teuren Preises nicht leisten kann? Ich wusste das bis gestern nicht. Aber _____ ⑤ ich abends im Internet gesurft habe, habe ich zufällig diese Werbung gelesen.

Natürlich hat sie mich neugierig gemacht. _____ ⑥ habe ich auch gleich mal bei eBay nachgeschaut. Du kannst dir all die Sachen, die angeboten werden, kaum vorstellen: Autos, Bücher, Computer, Filme, Handys, Kleidung, Software und, und, und ...

Interessant ist, dass du den Preis, _____ ⑦ du bezahlen möchtest, selbst festlegst, _____ ⑧ du etwas kaufen willst. Die Idee finde ich toll, aber _____ ⑨ ich etwas bestelle, möchte ich noch mehr _____ ⑩ erfahren. Oder bist du vielleicht bereits informiert?

Viele Grüße
Daniel

A ALS	D DEN	G HÄTTE	J DASS	M WEGEN
B BEVOR	E DER	H HATTE	K SEIT	N WENN
C DARÜBER	F DESHALB	I HAST	L WANN	O WOFÜR

Mögliche Punkte: 10 – Meine Punkte: _____

Hörverstehen (Globalverstehen)   ca. 10 Minuten

Du hörst fünf kurze Texte. Dazu sollst du fünf Aufgaben lösen. Höre diese Texte nur einmal. Entscheide beim Hören, ob die Aussagen 1–5 richtig oder falsch sind. Markiere [+] richtig und [–] falsch.

1. Der Sprecher hat das Praktikum an seinem Wohnort gemacht.   [+] [–]
2. Für die Sprecherin ist Markenkleidung nicht wichtig.   [+] [–]
3. Die Sprecherin kann nicht reisen, weil sie kein Geld hat.   [+] [–]
4. Der Vater des Sprechers ist Arzt.   [+] [–]
5. Der Sprecher war beim Fall der Mauer nicht in Berlin.   [+] [–]

Mögliche Punkte: 5 – Meine Punkte: _____

Hörverstehen (Detailverstehen)   ca. 35 Minuten

Du hörst einen Radiobericht. Dazu sollst du zehn Aufgaben lösen. Du hörst den Radiobericht zweimal. Entscheide beim Hören, ob die Aussagen 1–10 richtig oder falsch sind. Markiere [+] richtig und [–] falsch.

Der Umsonst–Laden ...

1. ... existiert seit Dezember.   [+] [–]
2. ... befindet sich in Wien.   [+] [–]
3. ... ist eine Alternative zur Konsumgesellschaft.   [+] [–]
4. ... fördert die Kooperation zwischen Menschen.   [+] [–]
5. ... bietet Dinge an, die niemand mehr brauchen kann.   [+] [–]
6. ... nimmt nur Dinge in gutem Zustand an.   [+] [–]
7. ... verlangt wenig Geld dafür.   [+] [–]
8. ... bietet nur Haushaltswaren an.   [+] [–]
9. ... ist sehr gut besucht.   [+] [–]
10. ... funktioniert wie ein Kaufhaus.   [+] [–]

Mögliche Punkte: 10 – Meine Punkte: _____

Schreiben   ca. 30 Minuten

Du hast in der Zeitung die Anzeige rechts gelesen. Sie interessiert dich und du möchtest deshalb einige Informationen zu folgenden Punkten:
– Mindestalter – Lohn
– Jobdauer – Sprachen

Bevor du den Brief schreibst, überlege dir die passende Reihenfolge der Punkte, eine passende Einleitung und einen passenden Schluss. Vergiss auch nicht Datum und Anrede.

Lass den Brief von deinem Lehrer/deiner Lehrerin korrigieren.

Ferienclub in den Schweizer Alpen

sucht für die Wintersaison

Animateure/Animateurinnen

für das Sportteam.

Gute Sprachkenntnisse erforderlich.
Interessenten schreiben an:
W-Club (Frau Fischer)
7050 Arosa, Schweiz

Mögliche Punkte: 15 – Meine Punkte: _____

LESE-ECKE

Die lange Reise des Jakob Stern

Roman von Rainer M. Schröder

Jakob ist 15. Er ist Jude und lebt in Deutschland. Ein Kindertransport nach Amerika soll ihn, Viktor, Lukas und Erika vor den Nazis retten. Die *Arandora Star* liegt schon im Hafen von Liverpool bereit – doch Erika, Jakobs große Liebe, steht nicht auf der Passagierliste. Für die anderen beginnt eine Reise voller Abenteuer und Gefahren. Auf hoher See werden sie angegriffen. Ein Torpedo durchschlägt den Maschinenraum und versenkt das Schiff. Werden sie die Reise überleben und wird Jakob seine Erika wiedersehen?

Bertelsmann Verlag, 2003 – www.randomhouse.de – ISBN 3-570-12645-5

(…) „Torpedo!", schrie am anderen Ende des Ganges ein Soldat mit sich überschlagender Stimme. „Uns hat ein Torpedo erwischt! Nichts wie an Deck, Männer!"

Augenblicklich fiel die Hauptbeleuchtung aus. Die Notlampen flackerten noch ein, zwei Sekunden, dann erloschen auch sie. Völlige Dunkelheit legte sich über die *Arandora Star*. Und kein Alarm schrillte durch das Schiff. „Keine Notbeleuchtung und nicht einmal Alarm! Verdammt, das Torpedo muss den Maschinenraum getroffen und sogar die Notaggregate zerstört haben!", stieß der Corporal im Dunkeln hervor und packte Jakob am Arm. „Bist du in Ordnung, Junge? Hast du dich verletzt?"

„Nein, alles … alles in Ordnung", sagte Jakob benommen und begriff in diesem Moment des Schocks noch gar nicht richtig, was die Explosion für sie alle bedeutete – nämlich den Untergang der *Arandora Star*.

„Dann nichts wie hoch an Deck!", drängte der Soldat. „Meine Freunde in der Kabine …", wandte Jakob verstört ein. Er konnte doch Lukas und Viktor nicht sich selbst überlassen!

„Nein, du kommst mit!", fiel der Corporal ihm ins Wort. „Jetzt kann jede Minute über Leben und Tod entscheiden, zumal bei den wenigen Rettungsbooten, die das Schiff an Bord hat. Also komm schon!" Er zog Jakob mit sich in Richtung der Treppe, die nach oben führte. Angsterfüllte Schreie, Flüche, scharfe Kommandos, Stiefelgepolter und das Klirren von Glas erfüllten schlagartig die Gänge.

Vor ihnen auf der Treppe flammte ein Feuerzeug auf. Jakob sah im Licht dieser kleinen Flamme, wie Soldaten, Seeleute und deutsche wie italienische Internierte aus den Gängen stürzten und von Panik ergriffen die Treppe hochstürmten, ohne Rücksicht auf die anderen zu nehmen. Dann leuchteten die ersten Taschenlampen auf. (…)

Weitere Lesetipps

Mein erstes T-Shirt
Erzählungen von Jakob Hein

Viele witzige Erinnerungen aus seiner Jugendzeit in den letzten DDR-Jahren. Das Leben steckt voller Geheimnisse und der jugendliche Held Jakob Hein macht sich daran, sie zu lüften. Was hat zum Beispiel Jessica Drechsler, was andere nicht haben? Und wie kommt man in den Besitz des Poesiealbums von Claudia Ross? Der Autor schreibt von einem Alltag unter schweren Bedingungen, von seinem unstillbaren Wunsch nach einer E-Gitarre, die er eigentlich gar nicht spielen kann, sowie von seinem ersten T-Shirt, das eigentlich ein Nicki war.

Piper Verlag, 2001 – www.piper.de – ISBN 3-492-23739-8

Zauberherz
Roman von Beatrix Mannel

Emily kann sich keinen besseren Beruf vorstellen als den, in dem sie arbeitet. Oder, genauer gesagt: als ihren zukünftigen Beruf, den sie gerade lernt. Und eigentlich lernt sie zaubern. Wenn sie in einem Jahr fertig ist, kann sie beispielsweise aus einem Menschen einen Esel machen, ein Mädchen in eine Hexe verwandeln oder ein Monster zu einer atemberaubenden Schönheit werden lassen. Emily wird nämlich Maskenbildnerin. Bei ihrer Arbeit im Staatstheater von Darmstadt lernt sie das Leben hinter der Bühne kennen, aber auch Paul und Jess …

Loewe Verlag, 2003 – www.loewe-verlag.de – ISBN 3-7855-4631-9

Bewerbungsguide für deinen Traumjob
Berufsplaner von Sylvia Schneider

Die kreative und individuelle Bewerbung ist ein wichtiger Baustein für den Berufseinstieg. Wie unterscheide ich mich von den vielen anderen Bewerbern? Wie vermittle ich, wer ich bin und was ich kann? Mit den entscheidenden Informationen und Hilfestellungen für die richtige Bewerbungsstrategie rückt der Traumjob jedoch in greifbare Nähe: Initiativbewerbung oder Stellenanzeige? Online oder Offline? Im Ausland bewerben? Wie schaffe ich den Einstellungstest? Ohne Lampenfieber zum Vorstellungsgespräch! Praxisnahe Tipps und Strategien für eine gelungene Berufsplanung!

Ueberreuter, 2001 – www.ueberreuter.de – ISBN 3-8000-1557-9

Mobilität

**Die Eltern von Margreeth und Herman sind Fluss-Schiffer.
Das ganze Jahr über fahren sie mit ihrem Schiff auf Flüssen und Kanälen durch ganz Europa.**

Holland – das Land der Kanäle und Schleusen[1]. Auf den Flüssen kann man über Belgien und Deutschland bis in südliche Länder fahren. Daher sind der Wassertransport in Holland und der Beruf des „Fluss-Schiffers" sehr wichtig.

„In unserer Familie wird der Beruf schon seit sechs Generationen von Vater auf Sohn übertragen", erklärt Margreeth. „Dieses Jahr wird mein ältester Bruder meinen Eltern helfen. Mein Vater ist sehr stolz[2] darauf, dass die Tradition fortgeführt[3] wird." Klar, dass man für diesen Beruf Schiffe und Reisen mögen sollte. Fluss-Schiffer zu sein bedeutet, das ganze Jahr lang auf Flüssen und Kanälen durch Europa zu fahren. Und für Margreeth und Herman heißt das: ein „Doppelleben" im Internat und auf dem Schiff. „Ich bin mit sechs Jahren ins Internat gekommen", erzählt Herman. „Hier werden nur Kinder von Schiffern aufgenommen. Wir sind insgesamt 150. Am Anfang war es sehr hart, meine Familie zu verlassen. Aber ich habe mich daran gewöhnt. Es ist ja kein Gefängnis[4]. Meine Freunde sind wie Brüder und Schwestern. Wir sind Tag und Nacht zusammen und dadurch kennen wir uns gut. Wir halten fest zusammen, denn wir sind alle Kinder der Schifffahrt und haben die gleichen Probleme." Obwohl sich Margreeth und Herman im Internat sehr wohl fühlen, suchen sie möglichst oft den Kontakt zu den Eltern. Die Familie kommt zusammen, wann immer es geht. „Während des Schuljahres rufen sie uns zweimal pro Woche an", sagt Herman. „Jedes zweite Wochenende treffen wir uns in Holland auf dem Schiff. Und auch in den Ferien sind wir an Bord. Dann geht die große Reise los!"

Die Familie besitzt kein Haus auf dem Festland. Ihr Zuhause ist das Schiff – 80 Meter lang und 9 Meter breit. Nur 10 Prozent davon sind die Wohnung. Der Rest ist Lade-

1 an einem Kanal zwei Tore, zwischen denen man das Wasser höher und niedriger machen kann
2 voll Freude **3** weitergeführt **4** ein Ort, wo man eingeschlossen ist **5** Raum auf dem Schiff, in dem Ware liegt **6** Raum, von dem aus das Schiff gefahren wird

fläche⁵. Das Schiff kann die Ladung von 50 Lastwagen aufnehmen bzw. den Inhalt von 84 Containern. Im hinteren Teil des Schiffes, unter dem Steuerraum⁶ und über dem Maschinenraum, befindet sich die Wohnung. Sie besteht aus Küche, Badezimmer, einem großen Wohnraum und drei kleinen Schlafzimmern.

„Der Schleppkahn ist mein Zuhause", sagt Margreeth. „Natürlich sind die Motoren laut, aber ich habe mich so an das Geräusch gewöhnt, dass ich es gar nicht mehr höre. Ich schlafe gerne bei diesem Geräusch ein, es beruhigt mich, und ich fühle mich sicher. Dieses Geräusch fehlt mir richtig, wenn ich wieder im Internat bin!"

Der Schleppkahn kommt nur langsam vorwärts. Ungefähr 15–20 km/h, wenn er den Fluss hinunterfährt, 8–10 km/h den Fluss hinauf. Die Geschwindigkeit hängt auch von der Menge ab, die transportiert wird. Je schwerer das Schiff ist, desto langsamer fährt es. Die meiste Zeit verbringen Margreeth und Herman in der Steuerkabine. Wenn die Mutter nachmittags Tee und Kekse bringt, diskutiert die ganze Familie in entspannter Stimmung. Solange Herman und Margreeth in die Schule müssen, führen sie das „Doppelleben" der Schifffahrtskinder. Danach werden sie ihre eigene Wahl treffen. Während Margreeth sich ein Leben an Bord vorstellen kann, möchte ihr Bruder lieber an Land leben und studieren. „Ich interessiere mich sehr für die neuen Technologien", sagt Herman. Margreeth ist sich nicht sicher: „Ich will zwar Lehrerin werden, aber gleichzeitig auch reisen und andere Länder kennen lernen. Vielleicht werde ich auch Schleppkahnführerin, wer weiß, was die Zukunft bringt …"

1 Leben auf dem Schiff – Höre zu und ergänze den Text.

Herman sagt, dass man auf dem Schiff eine Beschäftigung haben muss, weil man oft eine ganze ___Woche___ lang nicht an _____ geht. Bei schönem _____ ist das kein Problem. Da gibt es immer etwas zu tun. Aber wenn es regnet, dann vergeht die _____ überhaupt nicht. An diesen _____ nehmen oft alle abends ein _____, denn Lesen ist das Lieblingshobby der ganzen _____. Herman mag auch _____ und er sieht gerne fern, aber wenn das _____ fährt, ist das Bild nicht klar. Hält es aber irgendwo an, dann schauen sie sich die _____ an, um zu sehen, was in der _____ passiert.

Buch – Computerspiele – Familie – Land – Nachrichten – Schiff – Tagen – Welt – Wetter – Woche – Zeit

2 Wer ...? – Lies den Text auf S. 76–77 und den von Aufgabe 1. Kreuze an.
Es gibt z.T. mehrere Möglichkeiten.

Wer ...	die Eltern	Margreeth	Herman
1. ... ist Fluss-Schiffer von Beruf?	☒	☐	☐
2. ... lebt das ganze Jahr auf dem Schiff?	☐	☐	☐
3. ... kam mit sechs Jahren ins Internat?	☐	☐	☐
4. ... führt ein Doppelleben?	☐	☒	☒
5. ... fühlt sich im Internat wohl?	☐	☐	☐
6. ... ruft zweimal pro Woche an?	☐	☐	☐
7. ... geht alle 14 Tage an Bord?	☐	☐	☐
8. ... hat ein kleines Schlafzimmer?	☐	☐	☐
9. ... liebt das Geräusch der Motoren?	☐	☐	☐
10. ... möchte lieber nicht auf dem Schiff leben?	☐	☐	☐
11. ... mag die neuen Technologien?	☐	☐	☐
12. ... findet den Lehrerberuf interessant?	☐	☐	☐
13. ... wird vielleicht einmal Binnenschiffer/in?	☐	☐	☐
14. ... interessiert sich für fremde Länder?	☐	☐	☐
15. ... liest sehr gerne?	☐	☐	☐

4

3 Welche Verkehrsmittel sind gemeint?

1. _das Motorrad_
2. _____
3. _____
4. _____
5. _____
6. _____
7. _____
8. _____

❶ **Harley-Davidson FLH**, 1981, 1340cc, 10.000 km, in perfektem Zustand für nur 9.000 Euro.

❷ Mit Lufthansa in weniger als 2 Stunden von Frankfurt ins Ferienparadies Mallorca.

❸ **Prag.** Nur langsam kommt der öffentliche Nahverkehr wieder in Gang. Die Metro ist fast völlig ausgefallen. 17 Stationen waren überflutet.

❹ *Täglich große* **Seerundfahrt** *mit Abendessen an Bord.*

❺ Verkaufe **VW Golf GTI**, 150 PS, 1999, km 72.000, schwarz/grau, Pioneer-Radio + CD-Box.

❻ Mit dem **Glacier-Express** im Panoramawagen 1. Klasse nach Zermatt, zum Matterhorn!

❼ Wien. Neun Tage noch, dann rollen die blauen und pinkfarbenen Viennabikes wieder durch die Stadt.

❽ Suche einen preisgünstigen Scooter, am liebsten eine **Vespa** aus den 60er Jahren.

4 Verkehrsmittel – Was sagen Charlotte, Frau Beyer und Herr Kinkel?

a Ordne beim ersten Hören den drei Fotos die passenden Aussagen zu.
b Höre noch einmal und ergänze die Informationen.

	Nr. ___	Nr. ___	Nr. ___
Wer?			Frau Beyer
Wann?			
Womit?	mit dem Hubschrauber		
Wohin?			
Pro?		keine Verkehrsprobleme	
Kontra?			

c Fasse nun die Informationen kurz zusammen.

Frau Beyer fährt jeden ...
Herr Kinkel ...
Charlotte ...

12

5 *Obwohl* oder *trotzdem*? – Ergänze die Sätze.

1. _____ ich sehr viel zu tun habe, werde ich euch nächste Woche besuchen.
2. Er ist oft schlecht gelaunt, _____ mag ich ihn sehr.
3. Silvia hat die Prüfung bestanden, _____ sie wenig gelernt hatte.
4. _____ ich mit dem Bus zur Arbeit fahren könnte, gehe ich im Sommer zu Fuß.
5. Ich gehe gerne ins Kino. _____ habe ich seit Monaten keinen Film mehr gesehen.
6. Deine Mannschaft wird dieses Spiel verlieren. Gehst du _____ ins Stadion?
7. Wir fahren mit dem Auto nach Köln, _____ es mit der Bahn angenehmer wäre.
8. Er kommt immer zu spät. _____ warte ich jedes Mal auf ihn.

6 *Obwohl/trotzdem* – Schreibe Sätze in den drei Varianten, wie im Beispiel.

1. Der Zug ist teuer. – Frau Beyer fährt mit dem Zug.
2. Es war schon spät. – Wir haben sie angerufen.
3. Ich hatte ihn eingeladen. – Er ist nicht gekommen.
4. Es schneite und war sehr kalt. – Sie gingen Ski fahren.

> Frau Beyer fährt mit dem Zug, obwohl er teuer ist.
> Obwohl er teuer ist, fährt Frau Beyer mit dem Zug.
> Der Zug ist teuer. Trotzdem fährt Frau Beyer mit dem Zug.

18

7 Am Bahnhof – Höre den Dialog. Welche Grafik passt? Schreibe den anderen Dialog im Heft.

Dialog 1

nach Bremen — wann?
in 2 Wochen — Wochentag? Uhrzeit?
Sonntagmorgen — 8.17 / +?
+ / Bremen? — 9.56
Preis? — 34 Euro
teuer!

Dialog 2

nach Bremen — wann?
in 3 Wochen — Wochentag? Uhrzeit?
Sonntagabend — 18.17 / +?
+ / Bremen? — 19.56
Preis? — 43 Euro
teuer!

8 Wortfamilien – Ergänze die fehlenden Nomen und Verben.

1. fragen = _die Frage_
2. _____ = die Abfahrt
3. ankommen = _____
4. _____ = der Flug
5. sitzen = _____
6. _____ = die Reise
7. planen = _____
8. _____ = die Vorbereitung
9. reservieren = _____
10. _____ = die Wohnung
11. umziehen = _____
12. übernachten = _____

9

Lerntagebuch	
Datum	

Aussiege (Internet/Lektüren/Schreibansätze/Projekte …)	
Datum	

Selbstevaluation	Aufgabe/n	Evaluation
Ich kann eine längere Reportage aus einer Zeitschrift verstehen.		☺ ☺ ☹
Ich kann wichtige Informationen aus Interviews verstehen, notieren und zusammenfassen.		☺ ☺ ☹
Ich kann Anzeigen und Kurzberichte zum Thema „Verkehrsmittel" verstehen.		☺ ☺ ☹
Ich kann wichtige Reiseinformationen verstehen und erfragen.		☺ ☺ ☹
Ich kann …		☺ ☺ ☹
Wortschatz		
Ich kenne Wörter zum Thema „Verkehr".		☺ ☺ ☹
Ich kann Nomen und Verben aus der gleichen Wortfamilie bilden.		☺ ☺ ☹
Grammatik		
Ich kann Sätze mit *obwohl/trotzdem* verstehen und schreiben.		☺ ☺ ☹

Computerwelten

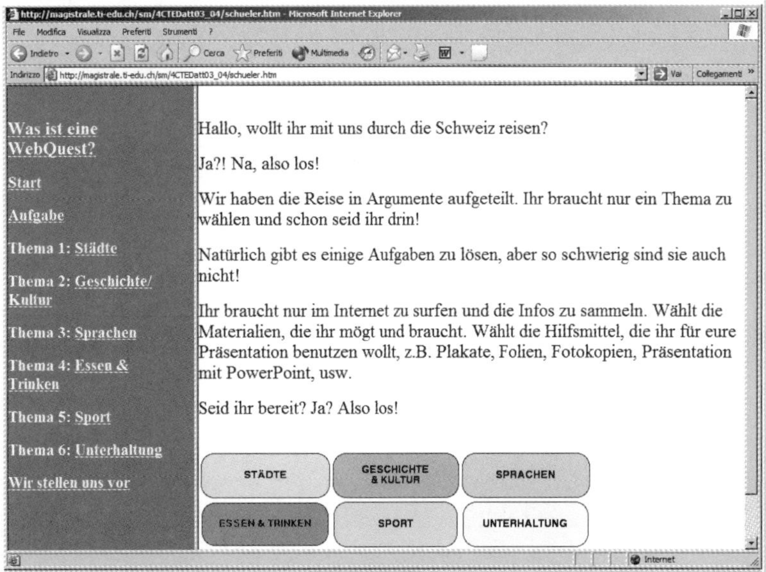

Die Schüler der 9. Klasse der Sekundarschule Breganzona in der Südschweiz haben in den Deutschstunden eine WebQuest produziert. Eine WebQuest ist eine Struktur, in der die Schüler, durch das Surfen im Internet, verschiedene Aufgaben lösen, um eine Präsentation erarbeiten zu können. Als Thema ihrer WebQuest haben sie eine Reise durch die Schweiz gewählt, die so geplant ist, dass man verschiedene historische, geografische, sprachliche, kulinarische und weitere Aspekte ihres Landes spielerisch entdecken kann.
Möchtest du mehr darüber wissen?
Dann schau doch mal ins Internet rein:
http://magistrale.ti-edu.ch/sm/4CTEDatt03_04/schueler.htm

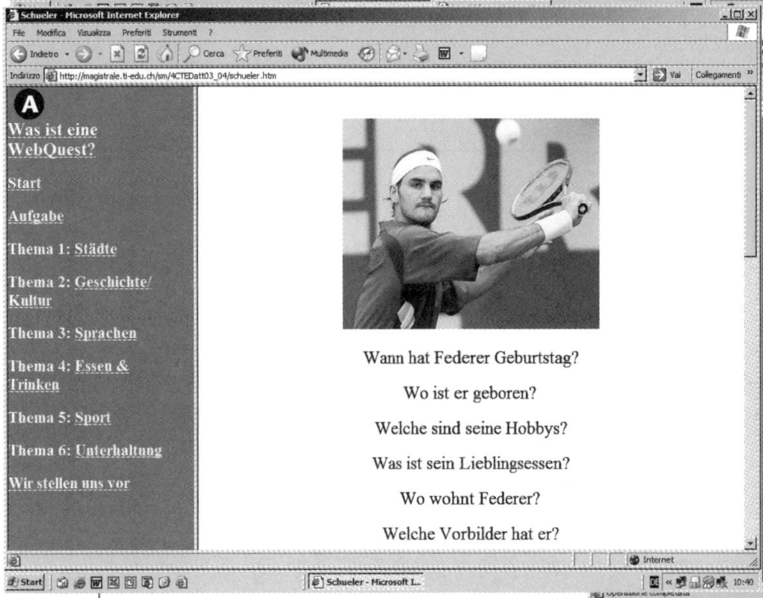

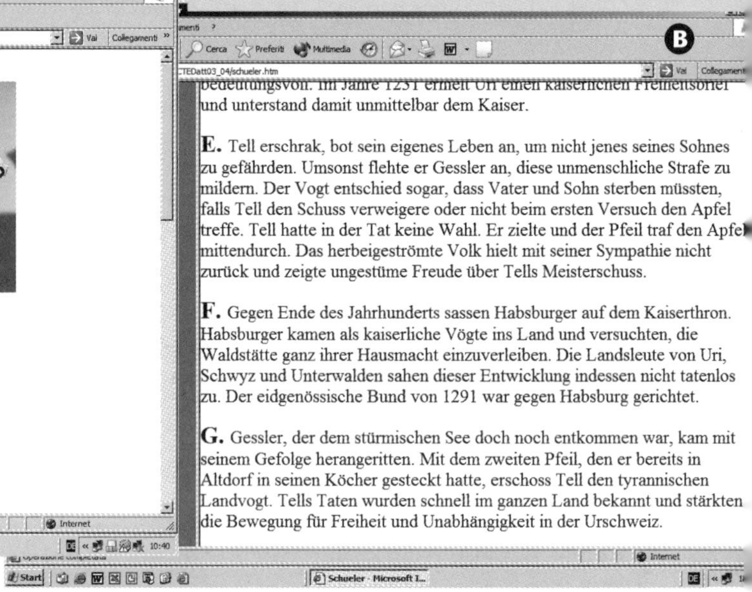

1 **Das WebQuest-Projekt: Ein Interview mit Sabrina und Anna – Höre zu und markiere: richtig oder falsch? Einige Antworten findest du auch in den Texten oben.**

1. Die Schüler hatten schon einmal eine WebQuest realisiert. [r] [f]
2. Die Informationen kommen aus dem Internet. [r] [f]
3. Sie wurden mit einem speziellen Programm zur WebQuest erarbeitet. [r] [f]
4. Die Lehrerin hat die Themen vorgeschlagen und die Aufgaben geplant. [r] [f]
5. Die Arbeit am Projekt dauerte zwölf Wochen. [r] [f]
6. Die Schüler haben oft auch zu Hause daran gearbeitet. [r] [f]
7. Sie haben zu den Themen Aufgaben gestellt. [r] [f]
8. Die WebQuest-Besucher versuchen, diese Aufgaben zu lösen. [r] [f]

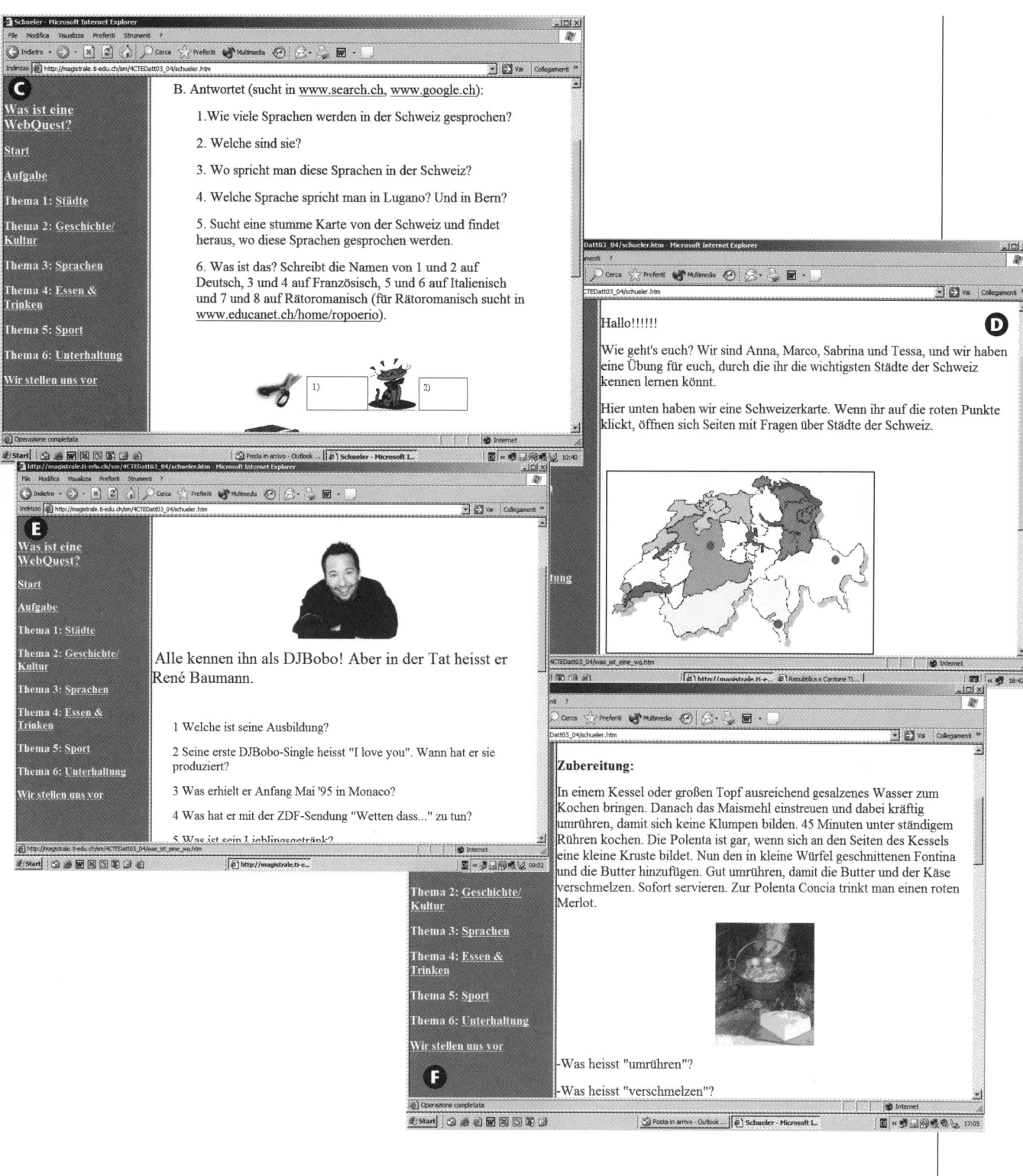

2 Zu welchen Themen (s. 1–6 in den Bildern) gehören die WebQuest-Seiten A–F?

A: _____   C: _____   E: _____

B: _____   D: _____   F: _____

3 Wer hat was gemacht? Höre zu und ordne jeder Gruppe ihr Thema (A–F) zu.

Tessa, Sabrina, Anna und Marco

Debora und Kathrin

Axel, David, Maurice und Lars

Gilbert und Simone

Natan, Agata, Jessica und Sara

Federico, Sebastiano, Manuel und Aronne

Flavio, Christian, Fabio und Mattia

4 Lies die WebQuest-Texte von S. 82–83 und beantworte die Fragen 1–6.

1. Was sind die vier Landessprachen der Schweiz?
2. Was steckt hinter den roten Punkten auf der Landkarte?
3. Unter welchem Namen ist René Baumann bekannt geworden?
4. Welche Sportart treibt Roger Federer?
5. Was hat Wilhelm Tell mit dem ersten Pfeil getroffen und wen mit dem zweiten?
6. Welche Spezialität wird mit dem Rezept zubereitet?

5

5 Computersprache – Schreibe die Wörter.

1 _____
2 _____
3 _____
4 _____
5 _____
6 _____
7 _____
8 _____

6 Computerverben-Suchrätsel

a Markiere die 14 Verben (← ↓ → ↑) und schreibe sie auf. Notiere auch, wie diese Verben in deiner Sprache heißen.

programmieren =

i	n	s	t	a	l	l	i	e	r	e	n	s
n	e	r	e	i	m	m	a	r	g	o	r	p
e	i	n	t	i	p	p	e	n	f	n	s	e
n	e	r	e	i	p	o	k	e	s	e	u	i
n	s	c	a	n	n	e	n	h	a	l	r	c
e	i	n	e	t	t	a	h	c	k	i	f	h
r	h	n	e	z	r	ü	t	s	b	a	e	e
b	k	l	i	c	k	e	n	ö	s	m	n	r
h	e	r	u	n	t	e	r	l	a	d	e	n

b Ergänze die Sätze mit den passenden Verben aus 6a.

1. Hast du die Daten auf einer CD oder auf der Festplatte ___gespeichert___?
2. In vielen Ländern _____ die Jugendlichen heute fast jeden Tag im Internet.
3. _____ mit der Maus zweimal auf die Datei, wenn du sie öffnen willst.
4. _____ du ihm deinen Brief oder schickst du ihn mit der Post?
5. Musik kann man aus dem Internet _____, aber das ist oft nicht legal.
6. Bisher habe ich Texte Wort für Wort _____, aber ab jetzt _____ ich sie einfach. Das geht viel schneller.
7. Es wäre schön, wenn ihr uns die Fotos auf eine CD _____ könntet.
8. Um eine WebQuest machen zu können, müsst ihr „Dreamweaver" _____.

7 Erklärungen aus dem Wörterbuch – Ergänze die Wörter. ↓

1. __der Laptop__ Ein kleiner Computer in einer Art Koffer, den man besonders auf Reisen benutzt	4. _____ Ein elektronisches Dokument, z.B. ein Text oder eine Tabelle	7. _____ Eine Verbindung zu Daten, die sich in einem anderen Programm oder Dokument befinden
2. _____ Eine Platte in einem Computer, die fest eingebaut ist und auf der man Daten speichert	5. _____ Ein Zeichen auf dem Bildschirm, das zeigt, wo der nächste eingetippte Buchstabe erscheinen wird	8. _____ Die erste Seite einer Dokumentation im Internet, mit der sich eine Firma oder eine Organisation vorstellt
3. _____ Eine elektronische Nachricht über Computer	6. _____ Ein verstecktes Programm, das Daten auf dem Computer zerstört	9. _____ Alle Programme, mit denen ein Computer arbeiten kann

Cursor – Datei – E-Mail – Festplatte – Homepage – Laptop – Link – Software – Virus

8 Eine internationale Umfrage – Wofür nutzen Jugendliche den Computer?

Wie würdest du deiner Klasse diese Grafik erklären? Lies zuerst den Text. Schau dann die Grafik genau an und schreibe einen Kommentar. Der Text und die Fragen 1–9 helfen dir.

Im Rahmen der PISA-Studie 2000 (Programme for International Student Assessment), mit der man wissen wollte, wie gut die Grundbildung der 15-Jährigen in Lesen, Mathematik und Naturwissenschaften ist, wurde in einigen Ländern auch noch eine Umfrage über die Nutzung des Computers durchgeführt.
Mit 10 Fragen wurde erfasst, wo die Jugendlichen Zugang zu Computer und Internet haben, wofür sie diese Medien benutzen, wie viel Zeit sie pro Woche damit zubringen und wie es mit ihrem Interesse und Selbstvertrauen im Zusammenhang mit den neuen Technologien aussieht.

Mehr darüber: www.oecd.org · www.mpib-berlin.mpg.de/pisa
www.pisa.admin.ch

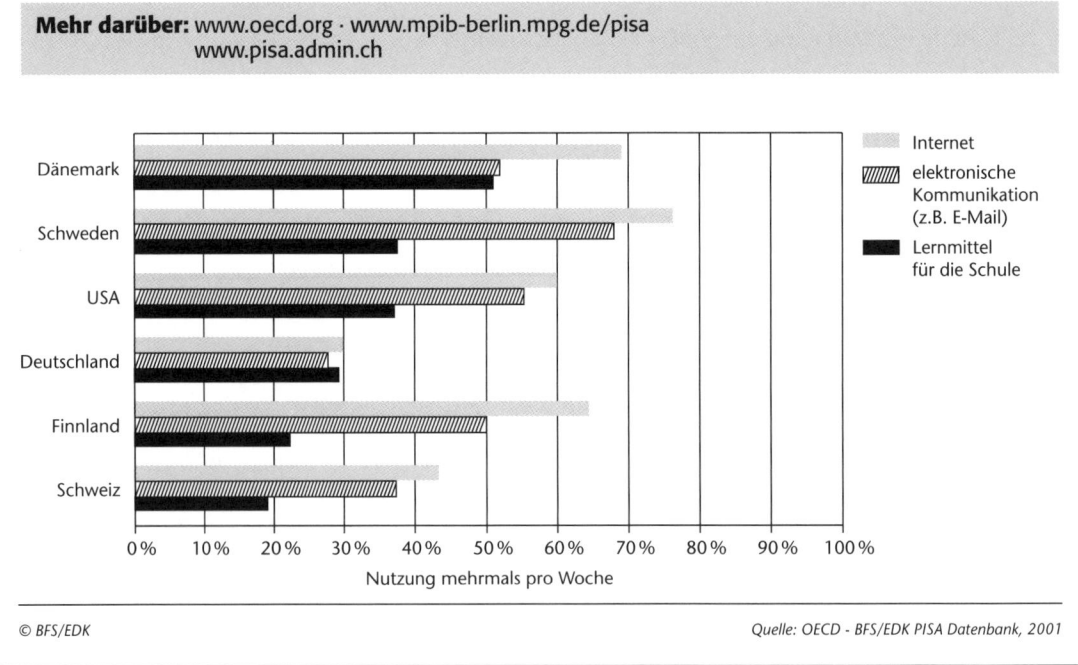

© BFS/EDK Quelle: OECD - BFS/EDK PISA Datenbank, 2001

1. Was zeigt die Grafik?
2. Wer hat an der Umfrage teilgenommen und welche Länder haben mitgemacht?
3. Wofür wird der Computer am meisten genutzt? Wofür am wenigsten?
4. Ist die Situation in allen sechs Ländern gleich?
5. Wo wird am meisten im Internet gesurft? Wo am wenigsten?
6. Gibt es zwischen den Ländern große Unterschiede?
7. Wie sieht es mit der elektronischen Kommunikation aus? Wie beim Internet?
8. Wo wird der Computer besonders oft als Lernmittel für die Schule eingesetzt?
9. Wo wird er dafür wenig genutzt?

Die Grafik zeigt, wofür ...
An der Umfrage haben ...

Sechs Länder ...
Der Computer ...

9 Beantworte nun auch du einige Fragen des Fragebogens und vergleiche dann in der Klasse.

	fast jeden Tag	mehrmals pro Woche	1x pro Woche bis 1x pro Monat	weniger als 1x pro Monat	nie

Wie oft benutzt du einen Computer ...

a) ... zu Hause?

b) ... in der Schule?

c) ... in der Bibliothek, in die du gehst?

d) ... an einem anderen Ort?

Wie oft benutzt du ...

a) ... das Internet?

b) ... den Computer zur Kommunikation (E-Mail, Chat-Rooms)?

c) ... den Computer als Lernmittel für die Schule?

d) ... den Computer zum Programmieren?

Wie oft benutzt du die folgenden Softwarearten?

a) Computerspiele

b) Textverarbeitung (z.B. Word ® oder Word Perfect ®)

c) Tabellenkalkulation (z.B. Lotus 1 2 3 ® oder Microsoft Excel ®)

d) Grafik-, Mal- bzw. Zeichenprogramme

e) Lernsoftware

18

10 *Je ... desto* – Ergänze in 1–6 die Adjektive im Komparativ.

~~alt~~ – einfach – gut – hoch – lang – langsam – nervös – reif – schnell – süß – viel – wenig

1. Je __älter__ er ist, desto _____ wird der Computer.

2. Je _____ die Früchte sind, desto _____ sind sie.

3. Je _____ er auf sie warten musste, desto _____ wurde er.

4. Je _____ die Preise sind, desto _____ kaufen die Leute.

5. Je _____ das Problem ist, desto _____ löst man es.

6. Je _____ ich für die Schule lerne, desto _____ werden meine Noten.

11 **Verbinde die Sätze mit *je ... desto* wie im Beispiel.**

1. Er muss wenig arbeiten; er geht gern zur Schule.
2. Wir gehen spät schlafen; wir sind am nächsten Morgen müde.
3. Das Wetter ist schön; viele Touristen kommen zu uns.
4. Sie treffen sich oft; sie lernen sich gut kennen.
5. Die Schuhe sind alt; sie sind bequem.
6. Das Projekt ist interessant; der Einsatz der Schüler ist groß.

> 1. Je weniger er arbeiten muss, desto lieber geht er zur Schule.

21

12 **Partizip I – Ergänze wie im Beispiel.**

1. eine passende Antwort = __eine Antwort, die passt__
2. _____ = ein Zug, der abfährt
3. ein schlafendes Mädchen = _____
4. fehlende Schüler = _____
5. _____ = eine Kerze, die brennt
6. ein sprechender Papagei = _____
7. _____ = ein Vogel, der singt
8. _____ = ein Kind, das spielt

13 **Partizip I – Ergänze die Sätze mit den Verben in der passenden Form.**

1. andauern – ~~kommen~~ – steigen – strahlen – vorüberziehen – zunehmen

Die Wetterprognosen für das __kommende__ Wochenende:
im Norden noch kühl und _____ Niederschläge;
im Osten _____ Wolkenfelder,
aber _____ Wetterbesserung; im Westen und im
Süden _____ Sommerwetter mit _____
Temperaturen.

2. aufregen – fliegen – ~~folgen~~ – tanzen – überraschen – weinen

Beim Zirkus „Barelli" stehen __folgende__ Attraktionen neu
auf dem Programm:

- Zizzi: Der _____ Clown, der alle zum Lachen bringt
- Die Mings: _____ Akrobaten aus China
- Lions & Tigers: Die _____ Raubtiernummer
- Miss Laila: Mit ihrem _____ Zaubertrick
- Die Dumbos: Die _____ Elefanten aus Indien.

Lerntagebuch

Datum

Ausstiege (Internet/Lektüren/Schreibansätze/Projekte …)

Datum

Selbstevaluation	Aufgabe/n	Evaluation
Ich kann die Beschreibung eines Internetprojekts verstehen.		☺ ☻ ☹
Ich kann anhand einer Anweisung mit einer Internetseite arbeiten.		☺ ☻ ☹
Ich kann die Ergebnisse meiner Arbeit präsentieren.		☺ ☻ ☹
Ich kann Erklärungen aus einem Wörterbuch verstehen.		☺ ☻ ☹
Ich kann eine Grafik verstehen und erklären.		☺ ☻ ☹
Ich kann einen Fragebogen korrekt interpretieren und ausfüllen.		☺ ☻ ☹
Ich kann …		☺ ☻ ☹

Wortschatz

Ich kenne Wörter zum Thema „Computer und Internet".		☺ ☻ ☹

Grammatik

Ich kann Sätze mit *je … desto* verstehen und schreiben.		☺ ☻ ☹
Ich kann den Komparativ der Adjektive bilden.		☺ ☻ ☹
Ich kann mit dem Partizip I Adjektive bilden und verwenden.		☺ ☻ ☹

Plateau 3

TESTTRAINING

1 **Hier kannst du dich selbst testen.**

Löse zuerst alle Aufgaben. Kontrolliere dann mit den Lösungen auf Seite 107 und schreibe dein Ergebnis in die Tabelle auf Seite 109.

Leseverstehen – Teil 1 (Globalverstehen) ca. 10 Minuten

Lies zuerst die 10 Überschriften. Lies dann die 5 Texte und entscheide, welcher Text (1–5) am besten zu welcher Überschrift (a–j) passt.

a) Effektives Lernen leicht gemacht ____4____
b) Jugendreisen nach Österreich _____
c) 12 typische Lernprobleme ____4____
d) Ferientouren mit der Bahn _____
e) PC-Spiele für Kinder _____

f) Wie Jugendliche telefonieren _____
g) Die Bahn bringt Klassen zum Ziel ____1____
h) Neue Medien? Ja, aber mit Sinn! ____2____
i) Aktiver Naturschutz – Mach mit! ____5____
j) Junge Leute konsumieren kräftig ____3____

1 Studien- und Schulfahrten zählen zum festen Programm jeder Schule. Die Deutsche Bahn sorgt dafür, dass diese beliebten Touren zu einem unvergesslichen Höhepunkt jeder Schülergeneration werden. Ob raus ins Grüne oder rein in die interessanten Städte, ob Kunsterlebnis oder Sportereignis, in Deutschland oder dem benachbarten europäischen Ausland – auf unseren Studien- und Schulfahrten kommen Schüler voll auf ihre Kosten. Natürlich zum günstigen Pauschalpreis! Wir organisieren die komplette Reise, inklusive pädagogischem Programm. Ein eindrucksvolles Gruppenerlebnis – schnell, sicher und umweltfreundlich im Zug – www.bahn.de

2 Der Computer wird immer wichtiger. Bereits in der Schule kann man sich ein Leben ohne den Computer kaum noch vorstellen. Daher sollten bereits Kinder mit den neuen Medien vertraut werden. Viele Kids benutzen den PC nur zum Spielen. Dabei sollen gerade junge Menschen lernen, sinnvoll mit dem Computer umzugehen. Wie kann mir der Computer beim Lernen helfen? Was sind nützliche Seiten im Internet? Die Eltern sollten ihren Kindern helfen, die Vorteile kennen zu lernen und Nachteile zu vermeiden. Denn sie schaffen meist den ersten Kontakt zu den Medien. www.schau-hin.info/

3 Insgesamt haben die 11,2 Millionen Jungen und Mädchen in Deutschland die Rekordsumme von 20,43 Milliarden Euro zur Verfügung. Während die 6- bis 12-Jährigen das Geld vorwiegend für Eis und Süßigkeiten brauchen, geben es die 13- bis 19-Jährigen vor allem für Zeitschriften, Zeitungen, CDs, Fast Food und Kino aus. Bereits sieben Prozent der 6- bis 9-Jährigen haben ein eigenes Mobiltelefon. Bei den 10- bis 12-Jährigen ist es fast jeder Dritte. 79 % der Jugendlichen über 14 haben bereits ein Handy. www.tachauch.de

4 Du lernst und lernst und trotzdem war die letzte Arbeit in Chemie wieder einmal schlecht? Vielleicht lernst du mit der falschen Methode. Versuch es einmal mit unserem Zwölf-Punkte-Plan. Hier erfährst du, wie du dein Lernen optimal vorbereitest, deinen Lernstoff gut einteilst und worauf du achten musst, um zu einem guten Ergebnis zu kommen. www.youngmiss.de

5 Die Natur ist unser Lebensraum und Ort für Bewegung und Erholung. Die Naturfreunde-Jugend setzt sich dafür ein, die Natur zu schützen und zu erhalten. Zum Thema „Natur- und Umweltschutz" können wir ein breites Spektrum an Aktivitäten anbieten, z.B. im Rahmen von ökologischen Schullandwochen lernt ihr die Natur von ihren spannendsten Seiten kennen. Bei internationalen Workcamps könnt ihr selbst aktiv werden und euren Beitrag zum aktiven Natur- und Umweltschutz leisten. www.naturfreundejugend.at

Mögliche Punkte: 5 – Meine Punkte: _____

Leseverstehen – Teil 2 (Detailverstehen)   ca. 35 Minuten

Lies zuerst den Zeitungsartikel und löse dann die fünf Aufgaben (1–5) zum Text.

Schüler als Schlichter
Projekt: Jugendliche wurden zu Fahrbegleitern in Schulbussen ausgebildet.

Lärm, Müll, kaputte Sitze und jede Menge Konflikte: In Bussen und Bahnen und an den Haltestellen ist das ein alltägliches Bild, wenn Schüler unterwegs sind. So mancher Schüler kommt schon am frühen Morgen genervt und gestresst in der Schule an. Das soll nun im gesamten Raum Kassel besser werden. Der Nordhessische Verkehrsverbund (NVV) stellte bei einer Pressekonferenz sein Projekt „Fahrbegleiter" vor. Jugendliche aus den 8. und 9. Klassen wurden zu Schlichtern bei Konflikten in Bussen und Bahnen ausgebildet. „SchulBusTramer" haben die Jugendlichen ihr Projekt genannt. Schlichten bedeutet, nicht wegzusehen, wenn der Ärger kommt, sondern zu versuchen, den Konflikt früh zu erkennen, mit den Personen zu reden und so den Konflikt zu vermeiden. Aber es gibt auch Grenzen bei ihren Aufgaben. Sie sollen auf keinen Fall Polizei spielen, erklärt Christa Ambrosius (Geschäftsführerin der Verkehrsmanagement- und Service GmbH). Das heißt, dass sie versuchen sollen, die Konflikte zu minimieren und rechtzeitig zu vermeiden. Der 15-jährige Pascal Brigandt ist von dem Projekt begeistert: „Ich schaue jetzt auch in meinem Alltag genauer hin, wenn es um Gewalt geht."

Genau das ist das pädagogische Ziel: mehr soziales Engagement zeigen und mehr Selbstbewusstsein entwickeln. Die Fahrbegleiter sollen für jüngere Schüler ein gutes Beispiel sein. Die Jugendlichen bekommen ein Zertifikat. Das können sie später bei ihrer Bewerbung um einen Arbeitsplatz vorlegen. Vier Trainer der Verkehrsbetriebe, Lehrer und Polizisten haben die Jugendlichen mit Hilfe von Rollenspielen und Kommunikationstraining auf ihre schwierigen Aufgaben vorbereitet. „Das Klima ist schlechter geworden, das Verhalten unter den Jugendlichen immer härter", so ein NVV-Mitarbeiter. Statt auf Videokontrollen in öffentlichen Verkehrsmitteln setzt er auf das menschliche Miteinander – und auf mehr Schulen, die bei der Aktion mitmachen und Jugendliche zu Fahrbegleitern ausbilden lassen. 1998 wurde das Begleiterprojekt erstmals an einer Gesamtschule in Gelsenkirchen eingeführt. In Bochum sind inzwischen über 600 Fahrbegleiter unterwegs. Übrigens mit gutem Erfolg: Zu 40 Prozent sind die Schäden zurückgegangen, berichtet Trainer Udo Kluttig.

SchulBusTramer – Fahrzeugbegleiter im NVV – IGS Kaufungen

1. Viele deutsche Schüler haben
[a] keine Lust, mit dem Bus zu fahren.
[b] Stress während der Fahrt zur Schule.
[c] Probleme, zur Schule zu kommen.

2. Die Schlichter sollen
[a] auf junge Schüler aufpassen.
[b] Streit erkennen und vermeiden.
[c] Konflikte aufschreiben und melden.

3. Das Verhalten der Schüler
[a] war schon immer ein Problem.
[b] ist schlechter als früher.
[c] ist etwas besser geworden.

4. Die Trainer haben gezeigt,
[a] wie man in schwierigen Situationen handelt.
[b] wie man Kampfsport einsetzt.
[c] welche Schüler nicht gefährlich sind.

5. In Bochum hat das Projekt
[a] die Probleme reduziert.
[b] 600 Konflikte gelöst.
[c] nur wenige Schäden vermieden.

Mögliche Punkte: 5 – Meine Punkte: _____

Leseverstehen – Teil 3 (Selektives Verstehen) ca. 15 Minuten

Lies zuerst die zehn Situationen (1–10) und dann die 12 Anzeigen (a–l). Welche Anzeige passt zu welcher Situation? Du kannst jede Anzeige nur einmal verwenden. Wenn du das, was du suchst, nicht findest, dann schreibe „x".

1. ____ Dein Freund interessiert sich für Geschichte und möchte mehr über das tägliche Leben der Menschen in der Vergangenheit erfahren.
2. ____ Du willst dein Deutsch verbessern und arbeitest gerne am Computer.
3. ____ Deine Freundin hat immer Streit mit ihrer Mutter. Du kannst ihr nicht helfen.
4. ____ Du kannst zwei Abende in der Woche auf die Kinder der Nachbarn aufpassen. Aber du weißt nicht, was du tun sollst.
5. ____ Du hast bald eine wichtige Abschlussprüfung in Mathe und bist schon ganz nervös.
6. ____ Du möchtest Jugendliche treffen und dich unterhalten, aber du sprichst noch nicht so gut Deutsch.
7. ____ Dein Bruder geht sehr gerne ins Kino. Er hat viel Fantasie und immer gute Ideen.
8. ____ Du bist das ganze Wochenende bei einer Freundin in Hamburg. Ihr wollt einkaufen gehen.
9. ____ Deine Schwester will einmal die Woche Sport machen. Aber der Sport darf kein Stress sein.
10. ____ Dich nerven Leute, die nur davon reden, wie schlecht es der Natur geht. Du willst aktiv sein.

A
Keine Angst vor Prüfungen

Du möchtest Stress und Panik minimieren? In diesem Workshop lernst du, wie du dich effektiv vorbereitest und dich auf das konzentrierst, was gerade wichtig ist. Du lernst Methoden kennen, mit denen du das Lernen gut planen kannst, deinen Plan leicht umsetzen und in der Prüfung ruhig bleibst.

23.04., Mi, 10–16 Uhr, Schülerhelfer

B
Inline-Skaten wie die Profis

Dieser Kurs wendet sich an jugendliche Anfänger, die nicht nur fahren, sondern vor allem viel Spaß haben wollen. Im Kurs werden wir über die Techniken beim Skaten sprechen. Geradeaus können alle fahren, aber rückwärts? Und wie kann man springen? Wir beantworten die Fragen und ihr trainiert das Fahren. Zum Skaten gehört aber auch die Sicherheit. Und darum lernt ihr auch alles Wichtige zum Thema richtige Ausrüstung und wir trainieren auch, wie man am besten fällt. Ohne sich wehzutun, natürlich.

13.03.–10.07., donnerstags, 16–18 Uhr, Skate & Fun
Wochenend-Kurs, 13.07., 10.00–16.00 Uhr, Skate & Fun

C
Babysitterkurs

Der Kurs wendet sich an Jugendliche, die einen Nebenjob ausüben, als Aupair ins Ausland gehen oder einen Beruf in der Kinderbetreuung erlernen möchten. Es werden folgende Themen behandelt: Ernährung, Pflege, Krankheitszustände, Erste-Hilfe-Maßnahmen, Problemkinder und Möglichkeiten für die Beschäftigung von Säuglingen, Kleinkindern und Kindern.

28.04.–23.06., Mo, 17.45–19.15 Uhr, VHS Mozartstiege

D
Internationaler Jugendtreff

Wann: Jeden Mittwoch, ab 18 Uhr

Wo: Jugendclub „14+", Mörikestraße 14

Wer: Jugendliche aus allen Ländern

Wozu: nette Leute treffen, andere Kulturen kennen lernen, Sprachen erleben und ausprobieren oder einfach nur quatschen

Wie viel: Nix, der Eintritt ist frei

Bis bald! Und Tschüs!

E
Videocamp

Bei unserem Videocamp sind Schülerinnen und Schüler herzlich willkommen, die Spaß am Filmen haben. In vier Tagen im August wollen wir gemeinsam in einer idyllischen Kulisse Ideen sammeln, Drehbücher schreiben und dann direkt in einen Film umsetzen. Ihr bekommt dazu nicht nur Informationen über die Planung eines Films, sondern auch zur Technik für Film und Ton. Während des Camps werdet ihr Kurzfilme drehen, schneiden und vertonen, um sie am Abschlussabend eurem Publikum zu präsentieren.

Anmeldungen unter: Offener Kanal, Tel.: 9 20 09 20

F
Nachhilfe in Latein, Englisch und Deutsch

Erfahrene Lehrkräfte bereiten Schülerinnen und Schüler aller Schulformen intensiv auf Prüfungen vor. Unterricht in kleinen Gruppen ist möglich. Auf Absprache auch Hausbesuche. Intensivkurse in den Ferien können angeboten werden.

Kontakt: Frau Dr. G. Firber, Tel.: 82 20 22

G
Deutsch lernen im Netz

Bei diesem Seminar, das sich besonders an ausländische Jugendliche richtet, geht es um das Lernen mit dem WWW. Wir surfen gemeinsam nach Angeboten im Internet, die beim Lernen für Deutsch als Fremdsprache interessante Übungen anbieten. Ihr könnt ausprobieren, welche Aufgaben euch am besten gefallen, und euch einen Lernplan aufstellen. Gemeinsam werden wir auch nach weiteren interessanten Links im Netz recherchieren und Suchmaschinen testen.

25.02.– 08.05., dienstags. 15.30–17.00 Uhr, VHS Mittelweg

H
Früh übt sich – Grundkurs Artistik/Jonglieren

Man muss nicht in einem Zirkus geboren sein, um Artistik und Jonglieren zu erlernen. Jeder, der ein bisschen sportlich ist, kann bei uns mitmachen. Bei uns kannst du lernen, wie du tolle Tricks mit Bällen und Keulen machen kannst, du kannst dein Gleichgewicht auf dem Seil oder auf dem Trampolin trainieren. Am Ende des Kurses gibt es eine kleine Vorstellung in unserem Jugendzirkus.

11.03.–06.05., Di. 17:30–19:00 Uhr, VHS Wagnergasse

I
Tu was – für eine saubere Umwelt

Alle reden über Umweltschutz – wir tun etwas. Bei uns geht es nicht um die große Klimakatastrophe. Bei uns geht es um die Umwelt vor unserer Haustür. Und die sieht manchmal ziemlich schlecht aus. Wir tun etwas dagegen. Ab 17.00 Uhr treffen wir uns und räumen auf. Müll, alte Flaschen und Dosen haben keine Chance. Bitte große Müllbeutel mitbringen. Mach mit und räum auf.

Treffen 17.00 Uhr, Brannerbrücke (Jugendclub)

J
Zeitreisen für die Jugend

Wie haben Menschen in der Zeit um 1800 gelebt? Wie sah der Alltag in der Stadt aus? Welche Kleidung haben die Menschen getragen? Auch in diesem Jahr findet ein Wochenendkurs zum Thema „Reise in die Vergangenheit" statt. Kinder und Jugendliche machen eine Zeitreise und wohnen, kochen und kleiden sich wie vor 200 Jahren.

10./11.05., 9–18 Uhr, VHS Mittelweg

K
Hamburg – Metropole früher und heute

Der Studientag in Hamburg beginnt mit einer thematischen Stadtrundfahrt durch das alte und neue Hamburg. Im Hamburger Hafen haben wir Gelegenheit, die Arbeit auf den großen Handelsschiffen zu beobachten. Der Handel mit Kaffee, Gewürzen oder Teppichen spielt dabei eine große Rolle. Am Nachmittag besuchen wir den ältesten Zoo Deutschlands, Hagenbecks Tierpark.

03.04., Do., 7.30–18.00 Uhr, Abfahrt: Goethestr.

L
Ärger mit den Eltern? Frust in der Schule?

Dann ruf uns an. Das Sorgentelefon für Kinder und Jugendliche hört dir zu. Hier kannst du jemandem deine Probleme und deinen Ärger erzählen, der dich nicht kennt. Du kannst nach Rat fragen oder dir ein paar gute Tipps für die Zukunft holen. Wir sind mittwochs bis montags, von 17–22 Uhr für dich da. Ruf einfach an. Der Anruf kostet dich nichts.

Sorgentelefon: 08 00/2 24 41 44

Mögliche Punkte: 10 – Meine Punkte: _____

Sprachbausteine – Teil 1

ca. 10 Minuten

Lies den folgenden Text und entscheide, welches Wort (a, b, oder c) in die Lücken 1–10 passt.

Lieber Constantin,

leider ist unser Urlaub schon ① vier Wochen zu Ende und die Schule hat wieder angefangen. Ich habe gerade die Fotos abgeholt und habe mich an unsere schöne Zeit auf Ibiza erinnert, ② wir uns kennen gelernt haben. Mit Freddy und Anna waren wir eine super Gruppe. Wir kannten uns ja gar nicht und ③ haben wir uns sofort gut verstanden. Ich würde mich freuen, ④ wir uns alle einmal wiedersehen könnten.
Hast du die Adressen von den beiden? ⑤ du sie mir schicken?
Das wäre toll.
Hier in Hamburg ist es im Moment ziemlich langweilig. Ich ⑥ in den nächsten Monaten viele Prüfungen schreiben und ich muss dafür viel lernen. Aber ⑦ möchte ich gar nicht denken. Ich träume viel lieber von unserem Urlaub. Der schöne Strand, das lange Schlafen und die lustigen Partys mit euch. Ich lege dir ⑧ Fotos in den Brief. Ich frage mich, ⑨ sie dir gefallen werden. Melde dich mal. Du kannst mir auch eine Mail schicken (sonja1188@yahoo.de).
⑩ Grüße

Sonja

1. a) seit
   b) bis
   c) zu

2. a) wann
   b) wenn
   c) als

3. a) obwohl
   b) deshalb
   c) trotzdem

4. a) wenn
   b) als
   c) wann

5. a) Hättest
   b) Könntest
   c) Wärest

6. a) werde
   b) wäre
   c) würde

7. a) darum
   b) darüber
   c) daran

8. a) manche
   b) einige
   c) welche

9. a) dass
   b) ob
   c) wenn

10. a) Vielen
    b) Viele
    c) Viel

Mögliche Punkte: 10 – Meine Punkte: _____

Sprachbausteine – Teil 2

ca. 10 Minuten

Lies die folgende Anzeige und den Text auf Seite 95. Entscheide, welches Wort (A–O) in die Lücken 1–10 passt. Du kannst jedes Wort nur einmal verwenden. Nicht alle Wörter passen in den Text.

COMPUTERFÜHRERSCHEIN FÜR TEENS

Ihr wollt mehr als Computerspiele? Ihr wollt wissen, wie ihr schnell im Internet für Referate und Hausarbeiten recherchieren könnt? Ihr wollt lernen, wie man coole Präsentationen mit dem PC erstellen kann? Ihr wollt eine eigene Homepage gestalten? Dann seid ihr bei unserem Kurs genau richtig. Mit dem Computerführerschein habt ihr alles Wichtige gelernt, um selbständig mit dem WWW und nützlichen Computerprogrammen zu arbeiten. Der Kurs ist von Jugendlichen für Jugendliche und kostet 100 Euro für das ganze Wochenende. Grundkenntnisse am PC müsst ihr für den Kurs aber schon haben.

Informationen bei der Computergruppe Jugendclub „CLARO",
Clara-Rottmann-Str. 15, 06110 Halle (Herr Sanders), http://www.clarohalle.de
Brief oder Mail genügt.

Sehr geehrter Herr Sanders,

ich habe Ihre Anzeige in 1 Zeitung gelesen und finde die Aktion sehr gut. Seit 2 halben Jahr habe ich einen Computer, mit 3 ich aber meistens nur spiele oder Mails schicke.
In der Schule arbeiten wir manchmal mit PCs, 4 der Computerraum frei ist. Aber da haben wir nur Texte geschrieben oder mit Lernprogrammen gearbeitet. Ich 5 im nächsten Monat ein Referat halten und möchte es gerne mit dem PC präsentieren. Außerdem interessiere ich 6 für das Internet. 7 möchte ich mich für Ihren Kurs anmelden. Ich glaube, dass es 8 gute Idee ist, wenn Jugendliche den Kurs machen. Sie wissen viel 9 als Erwachsene, was uns interessiert.
Ich würde mich sehr darüber freuen, wenn noch ein Platz frei wäre.
Können Sie mir sagen, ob ich noch teilnehmen kann und um wie viel Uhr der Kurs anfängt und endet? Ich freue mich 10 Ihre Antwort.

Mit freundlichen Grüßen
Sebastian Wirtz

A __ DEM	D __ DASS	G __ IHNEN	J __ WERDE	M __ MICH
B __ DER	E __ EINE	H __ WURDE	K __ WENN	N __ EINEM
C __ AUF	F __ DESHALB	I __ FÜR	L __ BESSER	O __ MIR

Mögliche Punkte: 10 – Meine Punkte: _____

Hörverstehen – Teil 1 (Globalverstehen)   ca. 10 Minuten

Du hörst nun fünf kurze Texte. Dazu sollst du fünf Aufgaben lösen. Höre diese Texte nur einmal. Entscheide dich beim Hören, ob die Aussagen 1 bis 5 richtig oder falsch sind.

1. Die Sprecherin fährt jedes Jahr an den gleichen Ort.   ☐ + ☐ −
2. Die Sprecherin fährt ohne ihre Eltern in die Ferien.   ☐ + ☐ −
3. Der Sprecher will zu Hause bleiben und kein Geld ausgeben.   ☐ + ☐ −
4. Die Sprecherin darf dieses Jahr mit ihren Freunden eine Reise machen.   ☐ + ☐ −
5. Der Sprecher mag den Sommerurlaub besonders.   ☐ + ☐ −

Mögliche Punkte: 5 – Meine Punkte: _____

Hörverstehen – Teil 2 (Detailverstehen) ca. 35 Minuten

Du hörst nun ein Gespräch. Dazu sollst du 10 Aufgaben lösen. Höre das Gespräch <u>zweimal</u>.
Entscheide beim Hören, ob die Aussagen 1–10 richtig oder falsch sind.
Lies jetzt die Aufgaben 1–10. Du hast dazu eine Minute Zeit.

	+	−
1. Die Sprachenschule „Eurotalk" wird 50 Jahre alt.	☐	☐
2. Frau Sanchez leitet das Programm für Fremdsprachen.	☐	☐
3. In den 50er Jahren interessierten sich nur wenige Deutsche für Fremdsprachen.	☐	☐
4. Heute bietet die Schule mehr Sprachen an als früher.	☐	☐
5. Es gibt Deutschkurse für Erwachsene, die keine Arbeit haben.	☐	☐
6. In den Sommerkursen lernen die Jugendlichen 20 Stunden Deutsch.	☐	☐
7. Die Jugendlichen trainieren ihr Deutsch auch am Nachmittag und Abend.	☐	☐
8. Die Jugendlichen lernen die ganze Zeit mit dem Computer.	☐	☐
9. Die Lehrer und Schüler kommen aus vielen Ländern.	☐	☐
10. Zum 50. Geburtstag gibt es ein großes Fest mit Essen aus der ganzen Welt.	☐	☐

Mögliche Punkte: 10 – Meine Punkte: _____

Hörverstehen – Teil 3 (Selektives Verstehen) ca. 15 Minuten

Du hörst nun fünf kurze Texte. Dazu sollst du fünf Aufgaben lösen. Höre jeden Text <u>zweimal</u>.
Entscheide beim Hören, ob die Aussagen 1–5 richtig oder falsch sind.

	+	−
1. Die Jugendherberge ist in der Langen Straße.	☐	☐
2. Es regnet und ist sehr windig.	☐	☐
3. Der ICE nach Dresden fährt auf Gleis 3 ab.	☐	☐
4. Die Angebote gibt es nur heute.	☐	☐
5. Herr Hurtiger zeigt den Praktikanten jeden Morgen ihren Arbeitsplatz.	☐	☐

Mögliche Punkte: 5 – Meine Punkte: _____

Schreiben ca. 30 Minuten

Du hast im Internet die Anzeige rechts gefunden.
Sie interessiert dich und du schreibst Miriam deinen
ersten Brief mit folgenden Punkten:
– Alter/Schule – deine Hobbys – warum du eine
Brieffreundschaft möchtest – Fragen an Miriam

Bevor du den Brief schreibst, überlege dir die passende
Reihenfolge der Punkte, eine passende Einleitung und einen
passenden Schluss. Vergiss auch nicht Datum und Anrede.

Lass den Brief von deinem Lehrer/deiner Lehrerin korrigieren.

Mögliche Punkte: 15 – Meine Punkte: _____

Suche Brieffreundschaften in aller Welt

Wer schreibt mir?
Ich heiße Miriam und bin 16 Jahre alt. Meine Hobbys sind Musikhören, Tanzen, Schreiben und fremde Länder kennen lernen. Wer hat Lust, mir zu schreiben? Meine Adresse ist:

Miriam Peters, Steinweg 57, 68723 Schwetzingen, Deutschland
miriam.peters@zvs.de

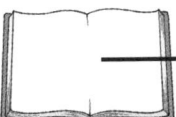

LESE-ECKE

Der Mensch

Hermann Hesse mit seinem legendären Strohhut

Hermann Hesse wurde am 2. Juli 1877 in Calw/Württemberg geboren. Er starb am 9. August 1962 in Montagnola bei Lugano. 1946 wurde er mit dem Nobelpreis für Literatur ausgezeichnet.
Nach einer Buchhändlerlehre war er seit 1904 freier Schriftsteller, zunächst in Gaienhofen am Bodensee, später im Tessin, wo er auch zu malen begann. Er hat unzählige Romane, Erzählungen, Gedichte und Betrachtungen geschrieben.
Er ist der meistgelesene deutschsprachige Autor des 20. Jahrhunderts und weltweit sehr bekannt.

Mehr über Hermann Hesse:
Fondazione Hermann Hesse Montagnola
www.hessemontagnola.ch
www.hermann-hesse.de
www.calw.de
www.suhrkamp.de/autoren

2 Interview mit Regina Bucher (Teil 1) – Höre zu. Lies die Fragen und markiere die richtigen Antworten. Es sind oft mehrere Antworten richtig. Du kannst hier viel über Hermann Hesse erfahren, besonders über seine Reiselust.

1. Welche Vorteile bot das viele Umziehen dem Kind Hermann Hesse?
   die Möglichkeit Neues zu entdecken – ein neues Zimmer zu haben – in eine neue Schule zu gehen – **auf ein besseres Leben zu hoffen**

2. In welches Land reist er später mehrmals?
   nach Spanien – nach Österreich – nach Italien – nach Holland

3. Wohin reist er 1911?
   nach Indonesien – nach Ceylon – nach Malaysia – nach Japan

4. Was fasziniert ihn am Reisen ganz besonders?
   andere Kulturen – fremde Sprachen – anderes Klima – neue Landschaften

5. Wie nannte er das Reisen?
   ein Umdiewelthschauen – ein Neueweltensuchen – ein Weitwegfahren – ein Indiewelthineinfahren

Regina Bucher neben einem Foto von Hesse auf seiner Indienreise

Der Dichter

> Hermann Hesse hat etwa 1400 Gedichte geschrieben. 1898 erschien *Romantische Lieder*, seine erste Gedichtesammlung, in der auch das Gedicht *Bahnhofstück* zu finden ist, ein Gedicht, das er als junger Mann in den Jahren zwischen 1895 und 1898 schrieb.

Bahnhofstück

Auf einer Reise, heiß und matt,
Saß ich im überfüllten Wagen,
Ein altes, breites Zeitungsblatt
In beiden Händen aufgeschlagen.

Der Zug hielt an. Ich schaute auch
Wie andre müßig durch die Scheiben,
Sah Hüte, Schleier, halb im Rauch
Mir fensterlang vorübertreiben.

Da bog aus dunklem Seidenflor
Mit feiner Stirn und blonden Haaren
Ein schöner Frauenkopf sich vor,
Den ich gesucht seit vielen Jahren.

Ich schrak empor, und meine Hand
Fuhr zitternd nach dem Fensterrahmen,
Da hört ich im Gewühl genannt
Mit lauter Stimme ihren Namen.

Ich sah nun, den ich lang gehasst,
Mit kühlem Gruße zu ihr treten,
Am Arm die leichte Reiselast,
Und hört ihn leise mit ihr reden.

Sie gingen weg. Der Pfiff erklang,
Ich sank zurück; ein schwerer, trüber,
Schmerzhafter Dunst ins Aug' mir drang,
Und draußen flog die Stadt vorüber.

Originalausgabe von 1898

Hesse um 1898

Claude Monet: Gare St. Lazare (1877)

3 Vier Aussagen zu jeder Strophe, eine ist jeweils falsch. Markiere sie.

1. a Der Erzähler sitzt im Zug.
   b Er liest eine Zeitung.
   c Es ist sehr warm.
   d Der Zug ist fast leer.

2. a Der Zug steht im Bahnhof.
   b Er macht viel Rauch.
   c Der Erzähler schaut zum Fenster hinaus.
   d Im Bahnhof ist niemand zu sehen.

3. a Der Erzähler sieht eine schöne Frau.
   b Sie trägt einen dunklen Schal aus Seide.
   c Sie hat braune Haare.
   d Sie ist seine Traumfrau.

4. a Der Erzähler ist sehr überrascht.
   b Seine Hände zittern.
   c Er hört eine laute Stimme.
   d Jemand ruft seinen Namen.

5. a Der Erzähler sieht einen Mann.
   b Er mag ihn nicht.
   c Der Mann küsst die Frau.
   d Der Mann trägt das Gepäck der Frau.

6. a Das Paar verlässt den Bahnhof.
   b Der Erzähler bleibt am Fenster stehen.
   c Er hat brennende Augen.
   d Der Zug fährt weiter.

Der Maler

Hermann Hesse machte die ersten Malversuche, als er fast vierzig Jahre alt war. Er befand sich zu dieser Zeit in einer tiefen Krise und es wurde ihm empfohlen, „es doch einmal mit dem Malen zu versuchen". In den folgenden Jahren entstanden Skizzen mit Stillleben, Selbstporträts und Landschaften. Auch einige seiner Texte wurden von ihm illustriert.

Nach der Trennung von der Familie und dem Umzug ins Tessin schrieb er die Erzählung *Klingsors letzter Sommer*, in der auch der Farbenzauber des Südens geschildert wird. Zu diesem Zeitpunkt begann er, Aquarelle zu malen, nachdem er zuvor auch mit Tempera, Kreide, Pastell und Öl experimentiert hatte. Bis Ende der 30er Jahre entstanden im Tessin auf unzähligen Ausflügen farbenfrohe Aquarelle, die seine Liebe zur Natur ausdrücken und von den Bauern, den im Wald versteckten Grotten und Felsenkellern, von Weinbergen, Kapellen und Dörfern erzählen. Heute werden diese Werke in Ausstellungen auf der ganzen Welt gezeigt.

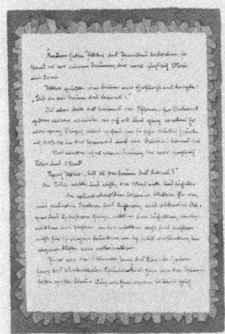

Zwei Seiten aus „Piktors Verwandlungen"

Aquarell von Hesse: Landschaft um Montagnola

4 Lies den Text oben und kreuze an: richtig oder falsch?

1. Hermann Hesse begann schon früh zu malen. [r] [f] ✗
2. Das Malen war für ihn wie eine Therapie. [r] [f]
3. Er hat verschiedene Motive gemalt. [r] [f]
4. Er hat manchmal auch Illustrationen zu seinen Texten gemacht. [r] [f]
5. *Klingsors letzter Sommer* ist ein expressionistisches Aquarell. [r] [f]
6. Die Farben des Tessins haben ihn sehr inspiriert. [r] [f]
7. Er hat von Anfang an mit der Technik des Aquarells gemalt. [r] [f]
8. Er hat oft typische Aspekte des Tessins dargestellt. [r] [f]
9. Seine Bilder sind nur im Museum von Montagnola zu sehen. [r] [f]

5 Hesse über das Malen – Versuche, die Zitate zu erklären. Vergleicht in der Klasse.

„Malen ist wundervoll. Ich glaubte früher, Augen zu haben und ein aufmerksamer Spaziergänger auf Erden zu sein. Aber das fängt ja jetzt erst an …"

„… das Malen ist wunderschön, es macht einen froher und duldsamer. Man hat nachher nicht wie beim Schreiben schwarze Finger, sondern rote und blaue."

Der Erzähler

Als Hermann Hesse 1919 ins Tessin zog, war er schon ein bekannter Autor. Werke wie *Eine Stunde hinter Mitternacht* (1899), *Peter Camenzind* (1904), *Unterm Rad* (1906), *Diesseits* (1907), *Gertrud* (1910), *Roßhalde* (1914), *Knulp* (1915), *Schön ist die Jugend* (1915), *Demian* (1917) hatten ihn berühmt gemacht. Im Tessin entstanden die Erzählungen *Klein und Wagner* (1919) und *Klingsors letzter Sommer* (1920), das Liebesmärchen *Piktors Verwandlungen* (1922) und die Werke, die ihn zu einem Schriftsteller von Weltruf machten: *Siddhartha* (1922), *Der Kurgast* (1925), *Die Nürnberger Reise* (1927), *Narziss und Goldmund* (1930), *Die Morgenlandfahrt* (1932), *Stunden im Garten* (1935), *Das Glasperlenspiel* (1943). Dagegen schrieb er nur wenige Seiten des Romans *Der Steppenwolf* (1927) im Tessin. Der größte Teil entstand in Zürich, in einer kleinen Zwei-Zimmer-Wohnung, in der Hesse vor allem die Wintermonate verbrachte. 1960, zwei Jahre vor seinem Tod, schrieb er den autobiografischen Text *Vierzig Jahre Montagnola*. Hermann Hesses Werke wurden in 60 Sprachen übersetzt und haben bis heute eine Auflage von über 100 Millionen verkauften Exemplaren erreicht.

6 Sprachen-Titel-Quiz – In welcher Sprache sind die Titel und wie heißen sie auf Deutsch? Der Text oben hilft.

Englisch – ~~Finnisch~~ – Französisch – Griechisch – Italienisch – Polnisch – Portugiesisch – Spanisch – Schwedisch – Türkisch

1. Kylpylävieraana Badenissa
2. Este lado da vida
3. Step kurdu
4. Viaggio a Norimberga
5. A una hora de medianoche
6. Narcyz Zlotousty
7. Oi metamorphoseis tou Piktor
8. Le jeu des perles de verre
9. Hours in the Garden
10. Under hjulet

1. Finnisch, Der Kurgast.
2. ...

7 Interview mit Regina Bucher (Teil 2) – Lies den Text auf Seite 101 und die Texte A–F. Höre dann das Interview und schreibe die Jahreszahlen zu A–F.

~~1912~~ > 1914–1917 > 1919–1922 > 1924–1930 > 1931–1943 > 1946–1962

A _____
Hesse schreibt Zeitungsartikel gegen den Krieg. Er gründet eine Zentrale und einen Verlag für Kriegsgefangene, was ihn Geld und Kraft kostet. Er trennt sich von seiner Frau Mia.

B _____
Hesse heiratet Ninon Dolbin und zieht mit ihr in die „Casa Rossa", in das rote Haus am Hügel, wo er *Das Glasperlenspiel* schreibt.

C _____
Hesse erhält den Nobelpreis für Literatur. Das Tessin wird immer mehr zu seiner Heimat. Kurz vor seinem Tod wird er Ehrenbürger von Montagnola.

D __1912__
Hesse zieht mit seiner Familie von Gaienhofen nach Bern um. Er lebt von nun an nur noch in der Schweiz.

E _____
Hesse heiratet Ruth Wenger, aber die Ehe dauert nur drei Jahre. Es erscheinen *Der Steppenwolf* und *Narziss und Goldmund*.

F _____
Hesse zieht nach Montagnola in eine kleine Wohnung um und beginnt Aquarelle zu malen. Es erscheinen *Klingsors letzter Sommer* und *Siddhartha*.

Vierzig Jahre Montagnola

Casa Camuzzi (Klingsors Palazzo) und rechts das Balkönchen

Als ich vor einundvierzig Jahren, auf der Suche nach einer Zuflucht, zum ersten Mal nach Montagnola kam und eine kleine Wohnung mietete, unter deren Balkönchen damals neben späten Magnolien ein gewaltig hoher Judasbaum in Blüte stand, war ich ein Mann „in den besten Jahren" und war gesonnen, nach einem vierjährigen Krieg, der auch für mich mit Niederlage und Bankrott geendet hatte, von vorn anzufangen. Und Montagnola war damals ein Dörfchen, zwar kein ärmliches und geducktes wie manches andere in der Gegend, aber doch ein bescheidenes, kleines und stilles, in dem es ein paar herrschaftliche Häuser aus älterer Zeit und zwei, drei neuere Landhäuser gab, das aber einen vorwiegend bäuerlichen Anblick bot. – Heute, ein paar Jahrzehnte später, bin ich kein Mann in guten oder besten Jahren mehr, sondern einer von den gebrechlichen und etwas komischen Gemeinde-Greisen, der nicht daran denkt, mit irgendetwas von vorn zu beginnen, der sein Grundstück kaum mehr verlässt und drunten auf dem Friedhof von St. Abbondio einen hübschen kleinen Platz gekauft hat.

Kirche von St. Abbondio

Montagnola ist kein Dorf und macht keinen bäuerlichen Eindruck mehr, es ist ein Vorstädtchen mit etwa viermal so vielen Einwohnern, mit einem stattlichen Postamt und Konsumladen, einem Café und einem Zeitungskiosk geworden, wir nennen es unter uns „Stadt Segelfoss"*, an Hamsun denkend. So ändern sich mit den Jahren die Menschen und die Dinge, es lässt sich nichts dagegen tun. – Aber in diesen paar Jahrzehnten habe ich in Montagnola viel Gutes, ja Wunderbares erlebt, von Klingsors flackerndem Sommer bis heute, und habe dem Dorf und seiner Landschaft viel zu danken. Ich habe meiner Dankbarkeit auch immer wieder Ausdruck zu geben versucht. Ich habe oft und oft das Lied dieser Berge, Wälder, Rebenhänge und Seetäler gesungen, auch jenes Balkönchen in Klingsors Wohnung und jener hohe Judasbaum – er war der höchste, den ich je gesehen, und ist

Casa Rossa, das rote Haus

später einem Föhnsturm zum Opfer gefallen – sind beschrieben und gepriesen worden. Ich habe hunderte von Bogen guten Malpapiers und viele Farbtuben verbraucht, um mit Aquarellfarben oder Zeichenfeder den alten Häusern und Hohlziegeldächern, den Gartenmauern, dem Kastanienwald, den nahen und fernen Bergen meine Reverenz zu erweisen. Auch manchen Baum und Strauch habe ich hier gepflanzt, ein kleines Bambusgehölz am Waldrande und viele Blumen, und so hoffe ich, wenn ich auch kein Tessiner geworden bin, die Erde von St. Abbondio werde mich freundlich beherbergen, wie es Klingsors Palazzo und das rote Haus am Hügel so lange Zeit getan hat.

(Aus „Beschreibung einer Landschaft – Schweizer Miniaturen", Suhrkamp Verlag, 1992)

---

* Roman des norwegischen Schriftstellers Knut Hamsun (1859–1952)

Hesse heute

Hermann Hesse ist heute weltweit der meistgelesene deutschsprachige Schriftsteller. Seine Werke wurden in 60 Sprachen übersetzt und erschienen in mehr als 100 Millionen Exemplaren. Dem Leben und Werk Hesses wurden nach seinem Tode mehrere Museen gewidmet. 1962 entstand als erste Gedenkstätte ein kleines Museum in Hiroshima/Japan, gegründet von Goro Shitanda, der über Jahre einen Briefwechsel mit dem Schriftsteller hatte. Später wurden in Deutschland zwei weitere Museen eröffnet: in Calw, also in Hesses Geburtsstadt, und in Gaienhofen am Bodensee, wo Hesse mit seiner ersten Frau Mia Bernoulli und seinen Kindern von 1904 bis 1912 lebte. Am 2. Juli 1997, zum 120. Geburtstag des Schriftstellers, wurde schließlich in Montagnola das Museum Hermann Hesse eröffnet, das innerhalb kurzer Zeit zu einem Begegnungszentrum für Besucher aus aller Welt wurde und das den jungen Besuchern eine ganz besondere Aufmerksamkeit entgegenbringt.

8 **Interview mit Regina Bucher (Teil 3) – Höre zu. Was passt zusammen? Ordne zu.**

1. Die Besucher, die Hesse kennen, möchten
2. Ältere Besucher kommen oft, um mehr über
3. Für die Japaner und Koreaner ist es faszinierend,
4. Leute, die selbst nicht gerne lesen, lieben es
5. Menschen, die Probleme haben, versuchen
6. Hesse hat die Fähigkeit, mit seinen Werken
7. Hesse macht den Menschen Mut,
8. Hesse hilft den Jugendlichen,
9. Durch seine schwierige Kindheit kann Hesse

a) ihre Konflikte mit den Eltern zu lösen.
b) bei Hesse Rat und Hilfe zu finden.
c) noch mehr Informationen über ihn bekommen.
d) zu Rezitationen und Lesungen zu kommen.
e) den einzelnen Menschen anzusprechen.
f) seine Originalaquarelle anzuschauen.
g) die Probleme junger Leute gut beschreiben.
h) ihn zu erfahren, als sie aus ihrer Schulzeit kennen.
i) ihren Weg zu finden und sich treu zu bleiben.

1. _c_ 2. ___ 3. ___ 4. ___ 5. ___ 6. ___ 7. ___ 8. ___ 9. ___

Begegnung mit Hermann Hesse

Ich heiße Tina und bin 16 Jahre alt. Bis vor einem Jahr wusste ich sehr wenig über Hermann Hesse, nur dass er lange Zeit im Tessin gelebt hatte und einen Nobelpreis bekommen hatte. Ich kannte nur eines seiner Gedichte, *Stufen*. Aber letztes Jahr haben wir dann das Museum in Montagnola besucht und da habe ich Hermann Hesse genauer kennen gelernt. Ich erinnere mich noch sehr gut an diesen Tag. Wir saßen alle auf dem Boden und hörten Frau Bucher zu, die uns aus Hesses Leben erzählte, von seiner Jugend, seinen Frauen, seinen Kindern, seinen Krisen. Ich war so fasziniert, dass ich mir vornahm, etwas von ihm zu lesen. Natürlich habe ich mit leichteren Texten angefangen, wie z.B. *Schön ist die Jugend*, *Unterm Rad* oder *Piktors Verwandlungen*. Ich habe dabei viel gelernt. Auf viele Fragen, die ich mir stelle, bietet Hesse Antworten an und für manche Probleme habe ich Rat gefunden. Ich hoffe, bald auch schwierigere Texte lesen zu können, wie z.B. die Romane *Demian* und *Siddhartha*.

Hesse – Lesetipps

Piktors Verwandlungen
Liebesmärchen

Der junge Piktor kommt eines Tages ins Paradies. Dort findet er einen kleinen Stein, einen Karbunkel, der seinen Wunsch erfüllt, ein Baum zu werden. Nachdem Piktor mehrere Jahre als Baum existiert hat, fühlt er sich immer noch einsam und unvollendet, als ein Mädchen zu ihm kommt. Ein Vogel lässt dem Mädchen den wundertätigen Karbunkel in die Hände fallen, sodass das Mädchen auch in einen Baum verwandelt wird. Daraufhin leben die beiden Bäume glücklich weiter.

Insel Taschenbuch, 1975 – ISBN 3-458-31822-4 – www.suhrkamp.de

Schön ist die Jugend
Erzählung

Nachdem er erfolgreich seine Buchhändlerlehre abgeschlossen hat und nach einer Abwesenheit von vier Jahren, kehrt Hermann in seine Stadt zurück, um ein paar Wochen bei seinen Eltern und Geschwistern zu verbringen. Erzählt wird von den Erinnerungen an die Kindheit, dem Gefühl des langsamen Erwachsen- und Selbständigwerdens, dem Abschluss eines Lebensabschnitts und dem Beginn eines neuen. Und auch eine zarte Liebesgeschichte entwickelt sich.

Suhrkamp Taschenbuch, 1988 – ISBN 3-518-37880-5 – www.suhrkamp.de

Klingsors letzter Sommer
Erzählung

Der Maler Klingsor spürt, dass er nur noch kurze Zeit leben wird, obwohl er erst 42 ist. Er will deshalb diesen letzten Sommer in vollen Zügen genießen. Die Freude, aber auch gleichzeitig die Qual, die ihm sein Schaffen verursacht, eine ehrliche Freundschaft, eine neue, zärtliche Liebe, die farbenfrohe Natur des Südens und seine innere Unruhe und Ungeduld begleiten ihn in seinem Wettlauf mit dem Tod, den er mit immer neuen und waghalsigeren Bildern zu überrunden versucht.

Suhrkamp Taschenbuch, 2001 – ISBN 3-518-37695-0 – www.suhrkamp.de

Unterm Rad
Erzählung

Hans Giebenrath lebt in einem kleinen Ort in Deutschland, wo sein Schuldirektor, seine Lehrer und der Stadtpfarrer ihn auf das Landexamen in Stuttgart vorbereiten. Da es in diesem Ort nur wenige begabte Kinder gibt und die meisten Dorfbewohner ihre Söhne Lehrlinge werden lassen, wird von Hans, der als sehr fähig und talentiert gilt, erwartet, dass er besondere Leistungen hervorbringt. Der Druck, der unter anderem auch von seinem Vater ausgeht, und die fehlende Freizeit treiben ihn in eine verzweifelte Situation.

Suhrkamp Taschenbuch, 1976 – ISBN 3-518-36552-5 – www.suhrkamp.de

EINHEIT 1: FIT IN DEUTSCH? – LÖSUNGEN

Aufgabe 1:
1b – 2c – 5a

Aufgabe 2:
1. a) Hast du eine Schwester? b) Findest du, dass Rap Klasse ist? c) Kommst du mit ins Kino?
2. a) Wer ist das? b) Woher kommt er? c) Wo liegt das?
3. a) Wie schmeckt es? b) Wohin ist sie gefahren? c) Wofür/Worauf sparst du?

Aufgabe 3:
1. neuen – moderne   2. letzte – neue   3. lange – Kurze

Aufgabe 4:
a: 2, 6, 9, 12 – b: 1, 4, 5, 8, 11 – c: 3, 7, 10

Aufgabe 5:
weil – aber – weil

Aufgabe 6:
Essen: lecker, Bratwurst, essen, Restaurant, Hamburger, fett, schmecken – Sport: Fußball, laufen, verlieren, Olympiade, springen, gewinnen, Tennis – Kleidung: tragen, anziehen, Schuhe, eng, Jacke, passen

Aufgabe 7:
1. Reisen, 2. Medien, 3. Freunde

Aufgabe 8:
1b, 2b, 3a

Aufgabe 9:
Weihnachten – Ostern – Geburtstag

Aufgabe 10:
Falsch:

„Liebe Anita,

heute war es wieder total lustig mit meinem Opa Herbert. Er ist wirklich echt cool. Zuerst haben wir lange durch den Park gegangen und mein Opa hat von früher erzählt. Das ist immer super, weil er Geschichten über mein Vater erzählt. Ich kann mir gar nicht vorstellen, dass mein Vater mal jung war. Er muss aber viel schlimm als ich gewesen sein. ... Danach war mir total schlecht und ich hat Kopfschmerzen ... Schade, der Sontag war zu schnell vorbei. Aber meinen Opa musst du kennen lernen, weil er ist so Klasse.

Bis bald

Archie"

Richtig: sind – meinen – schlimmer – hatte – Sonntag – weil er so klasse ist

Aufgabe 11:

1. den – die   2. die – das   3. der – den

104

PLATEAU 1 – TESTTRAINING – LÖSUNGEN

Leseverstehen (Globalverstehen)
1e – 2h – 3a – 4d – 5j

Leseverstehen (Detailverstehen)
1c – 2b – 3a – 4c – 5b

Sprachbausteine
1b – 2c – 3b – 4c – 5c – 6b – 7a – 8c – 9b – 10b

Hörverstehen (Globalverstehen)
1 + / 2 + / 3 + / 4 – / 5 –

Hörverstehen (Detailverstehen)
1 + / 2 + / 3 – / 4 – / 5 – / 6 – / 7 – / 8 + / 9 + / 10 –

Schreiben
Möglicher Brief:

Zürich, 6. Juni

Liebe Elisa,

vielen Dank für deine Einladung! Ich nehme sie sehr gerne an. Du weißt ja, dass „Z-Shop" auch zu meinen Lieblingsgruppen gehört. Und natürlich ist es schön, dich einmal wiederzusehen! Leider ist der Termin für mich nicht sehr gut. Ich kann nur zwei Tage bleiben. Von meiner Schwester soll ich dich grüßen. Sie kann leider nicht mitkommen, weil sie zu dieser Zeit in Urlaub ist. Ich komme mit dem Zug. Kannst du mich vom Bahnhof abholen? Ich freue mich auf den Besuch bei dir!

Liebe Grüße

deine ...

(VORNAME)

PLATEAU 2 – TESTTRAINING – LÖSUNGEN

Leseverstehen (Detailverstehen)
1a – 2b – 3c – 4a – 5b

Leseverstehen (Selektives Verstehen)
1G – 2I – 3H – 4K – 5B – 6D – 7J – 8x – 9F – 10E

Sprachbausteine
1I – 2J – 3G – 4M – 5A – 6F – 7D – 8N – 9B – 10C

Hörverstehen (Globalverstehen)
1+ / 2+ / 3– / 4– / 5–

Hörverstehen (Detailverstehen)
1+ / 2– / 3+ / 4+ / 5– / 6+ / 7– / 8– / 9+ / 10–

Schreiben
Möglicher Brief:

```
(NAME)
Friedrich-Hölderlin-Straße 40
68000 Mannheim
                                                4. September 20..
An den
W-Club
z.Hd. Frau Fischer
7050 Arosa
SCHWEIZ


Sehr geehrte Frau Fischer,

mit großem Interesse habe ich Ihre Anzeige gelesen. Ich war schon
öfter in der Schweiz. Es gefällt mir dort sehr gut. Ich treibe sehr
viel Sport: Ich kann gut skifahren und snowboarden. Außerdem laufe
ich auch Schlittschuh.
Ich würde mich gerne als Animateur/in bei Ihnen bewerben, habe aber
einige Fragen: Gibt es ein Mindestalter für diesen Job? Wie lange
dauert der Job? Welche Sprachkenntnisse muss man haben? Ich kann
ganz gut Englisch und Italienisch. Und ich verstehe auch
Schweizerdeutsch! Dann möchte ich noch gern wissen, wie viel man in
diesem Job verdient.
Über eine Antwort von Ihnen würde ich mich sehr freuen.

Mit freundlichen Grüßen

(VORNAME + NACHNAME)
```

PLATEAU 3 – TESTTRAINING – LÖSUNGEN

Leseverstehen – Teil 1 (Globalverstehen)
1g – 2h – 3j – 4a – 5i

Leseverstehen – Teil 2 (Detailverstehen)
1b – 2b – 3b – 4a – 5a

Leseverstehen – Teil 3 (Selektives Verstehen)
1j – 2g – 3l – 4c – 5a – 6d – 7e – 8x – 9b – 10i
Die Anzeigen f, h, k, l bleiben übrig.

Sprachbausteine – Teil 1
1a – 2c – 3c – 4a – 5b – 6a – 7c – 8b – 9b – 10b

Sprachbausteine – Teil 2
1B – 2N – 3A – 4K – 5J – 6M – 7F – 8E – 9L – 10C

Hörverstehen – Teil 1 (Globalverstehen)
1+ / 2+ / 3– / 4– / 5–

Hörverstehen – Teil 2 (Detailverstehen)
1+ / 2+ / 3– / 4+ / 5– / 6– / 7+ / 8– / 9+ / 10+

Hörverstehen – Teil 3 (Selektives Verstehen)
1+ / 2– / 3– / 4+ / 5+

Schreiben
Möglicher Brief:

---

21. Januar 20..

Hallo, Miriam,

ich bin Alex. Ich habe gerade im Internet deine Anzeige gelesen und würde gerne eine Brieffreundschaft mit dir ausprobieren, denn mich interessieren auch fremde Länder.
Ich bin 17 Jahre alt. Ich wohne in Fribourg in der Schweiz. Meine Muttersprache ist Französisch. Ich lerne Deutsch in der Schule. Vielleicht könnte ich durch die Brieffreundschaft mit dir auch mein Deutsch verbessern.
Meine anderen Hobbys sind dieselben wie deine. Dazu kommt noch, dass ich Gitarre spiele. Welche Musik hörst du denn gerne? Und: Hast du schon viele Brieffreundschaften?
Es wäre schön, wenn du Lust hättest, mir zu antworten!

Ciao

Alex

FIT IN DEUTSCH? – AUSWERTUNG

	Meine Punkte	Meine Zufriedenheit	Mein Kommentar:
Aufgabe 1:	_____	☺ ☻ ☹	_____
Aufgabe 2:	_____	☺ ☻ ☹	_____
Aufgabe 3:	_____	☺ ☻ ☹	_____
Aufgabe 4:	_____	☺ ☻ ☹	_____
Aufgabe 5:	_____	☺ ☻ ☹	_____
Aufgabe 6:	_____	☺ ☻ ☹	_____
Aufgabe 7:	_____	☺ ☻ ☹	_____
Aufgabe 8:	_____	☺ ☻ ☹	_____
Aufgabe 9:	_____	☺ ☻ ☹	_____
Aufgabe 10:	_____	☺ ☻ ☹	_____

TESTTRAINING – AUSWERTUNG

Eine Erklärung zur Berechnung der Punktzahlen findest du auf Seite 110.

Plateau 1

	Mögliche Punkte	Meine Punkte	Meine Zufriedenheit
Leseverstehen (Globalverstehen)	5 x 5 = 25	____ x 5 = ____	☺ ☻ ☹
Leseverstehen (Detailverstehen)	5 x 5 = 25	____ x 5 = ____	☺ ☻ ☹
Sprachbausteine	10 x 1,5 = 15	____ x 1,5 = ____	☺ ☻ ☹
Hörverstehen (Globalverstehen)	5 x 5 = 25	____ x 5 = ____	☺ ☻ ☹
Hörverstehen (Detailverstehen)	10 x 2,5 = 25	____ x 2,5 = ____	☺ ☻ ☹
Schreiben	15 x 3 = 45	____ x 3 = ____	☺ ☻ ☹

Mein Kommentar: _____

_____

_____

Plateau 2

	Mögliche Punkte	Meine Punkte	Meine Zufriedenheit
Leseverstehen (Detailverstehen)	5 x 5 = 25	____ x 5 = ____	☺ ☺ ☹
Leseverstehen (Selektives Verstehen)	10 x 2,5 = 25	____ x 2,5 = ____	☺ ☺ ☹
Sprachbausteine	10 x 1,5 = 15	____ x 1,5 = ____	☺ ☺ ☹
Hörverstehen (Globalverstehen)	5 x 5 = 25	____ x 5 = ____	☺ ☺ ☹
Hörverstehen (Detailverstehen)	10 x 2,5 = 25	____ x 2,5 = ____	☺ ☺ ☹
Schreiben	15 x 3 = 45	____ x 3 = ____	☺ ☺ ☹

Mein Kommentar: _____

_____

_____

Plateau 3

	Mögliche Punkte	Meine Punkte	Meine Zufriedenheit
Leseverstehen (Globalverstehen)	5 x 5 = 25	____ x 5 = ____	☺ ☺ ☹
Leseverstehen (Detailverstehen)	5 x 5 = 25	____ x 5 = ____	☺ ☺ ☹
Leseverstehen (Selektives Verstehen)	10 x 2,5 = 25	____ x 2,5 = ____	☺ ☺ ☹
Sprachbausteine – Teil 1	10 x 1,5 = 15	____ x 1,5 = ____	☺ ☺ ☹
Sprachbausteine – Teil 2	10 x 1,5 = 15	____ x 1,5 = ____	☺ ☺ ☹
Hörverstehen (Globalverstehen)	5 x 5 = 25	____ x 5 = ____	☺ ☺ ☹
Hörverstehen (Detailverstehen)	10 x 2,5 = 25	____ x 2,5 = ____	☺ ☺ ☹
Hörverstehen (Selektives Verstehen)	5 x 5 = 25	____ x 5 = ____	☺ ☺ ☹
Schreiben	15 x 3 = 45	____ x 3 = ____	☺ ☺ ☹

Mein Kommentar: _____

_____

_____

Informationen zum Zertifikat Deutsch: schriftliche Prüfung

Die folgende Tabelle zeigt die Prüfungsteile, die Bearbeitungszeiten und die Punktzahlen, die du erreichen kannst.

Die Punktzahlen werden mit verschiedenen Multiplikatoren multipliziert (rechte Spalte), um die Gewichtung auszugleichen. So kannst du beim Hören und Lesen für jeden Teil maximal 25 Punkte bekommen und bei den Sprachbausteinen je 15 Punkte. Für den Teil Schreiben sind 45 Punkte erreichbar.

Prüfungsteil	Technik	Zeit	Mögliche Punkte
Leseverstehen Teil 1	globales Lesen	ca. 10 min	5 x 5 = 25
Leseverstehen Teil 2	detailliertes Lesen	ca. 35 min	5 x 5 = 25
Leseverstehen Teil 3	selektives Verstehen	ca. 15 min	10 x 2,5 = 25

Prüfungsteil	Technik	Zeit	Mögliche Punkte
Sprachbausteine Teil 1	–	ca. 10 min	10 x 1,5 = 15
Sprachbausteine Teil 2	–	ca. 10 min	10 x 1,5 = 15

Prüfungsteil	Technik	Zeit	Mögliche Punkte
Hörverstehen Teil 1	globales Hören	ca. 10 min	5 x 5 = 25
Hörverstehen Teil 2	detailliertes Hören	ca. 35 min	10 x 2,5 = 25
Hörverstehen Teil 3	selektives Verstehen	ca. 15 min	5 x 5 = 25

Prüfungsteil	Inhalt	Zeit	Mögliche Punkte
Schreiben (schriftlicher Ausdruck)	persönlicher oder halboffizieller Brief	ca. 30 min	15 x 3 = 45

Quellen

Alibaba-Verlag, Frankfurt: S. 35: *Durchgekommen*. Erfahrungsbericht von Burkhardt Wunderlich – mit freundlicher Genehmigung
Attic Futura Verlag, München: S. 24: Text und Fotos des Artikels „Durch eine Erdlawine ..." aus *Sugar*, Januar 2001, S. 76 f. – mit freundlicher Genehmigung
Beck Verlag: S. 44, Text und Cover aus *Ost-West Geschichten. Schüler schreiben über Deutschland*, herausgegeben von Lothar Dittmer und Detlef Siegfried, Beck'sche Reihe, Verlag C.H. Beck, München (Text: Almut Furcher: „Über die Mauer springen")
Stephen Bennett: Illustrationen S. 3
Berufskunde Verlag der Alfred Amacher GmbH: S. 68: Homepage „Berufsbilder" – mit freundlicher Genehmigung
Bertelsmann-Verlag, München: S. 74: Textauszug und Cover, *Die lange Reise des Jakob Stern*, Roman von Rainer M. Schröder, München 2003
BMG, Music Publishing Germany: S. 42: „Kleider machen Leute", Musik: Ben Lasse, Stephan Baader, Kai Kumpmann, Michael Kersting; Text: Ben Lasse, Michael Kersting © by Edition Click III / Musik Edition Discoton GmbH (BMG Music Publishing Germany, München)
Regina Bucher: Interview und Texte über Hermann Hesse auf S. 97 („Der Mensch"), S. 99 („Der Maler"), S. 100 („Der Erzähler"), S. 102 („Hesse heute") – mit freundlicher Genehmigung
Vanessa Daly: Fotos S. 15, 80
Deutscher Taschenbuch Verlag, München: S. 35: Kristina Dunker, *Dornröschen küsst*. Umschlagbild von Jan Roeder © Deutscher Taschenbuch Verlag, München
Frauen geben Technik neue Impulse e.V., Bielefeld: S. 62, 63: Text und Fotos zum „Girl's Day" – mit freundlicher Genehmigung
Gothic Musikverlag GmbH: S. 42: „Kleider machen Leute" Musik: Ben Lasse, Stephan Baader, Kai Kumpmann, Michael Kersting; Text: Ben Lasse, Michael Kersting © 2003 by Gothic Musik Verlag GmbH / Discoton / Click III Edition
Martin Guhl: Illustrationen S. 4, 8, 15, 16, 48, 49, 84
45b MEDIENDESIGN: S. 91: Text und Abbildung „SchulBusTramer"
Carl Hanser Verlag, München: S. 34: Elke Heidenreich: *Nero Corleone. Eine Katzengeschichte*. Mit farbigen Bildern von Quint Buchholz, © 2003, Carl Hanser Verlag, München-Wien
Matthias Henkel: S. 21: Foto und Text über Fanclub-Zentrale – mit freundlicher Genehmigung
HNA – Hessisch-Niedersächsische Allgemeine, Kassel: S. 26: Wetterkarte – mit freundlicher Genehmigung
Franz Hohler: S. 36: *Der Verkäufer und der Elch*
Susy Keller: Fotos S. 37, 79, 84, 97 unten, 99 oben, 101 unten (Kirche), 102
Michael Koenig: Foto S. 31
Ute Koithan: Foto S. 67
Giorgio Mariotta: Fotos S. 20, 38
Nathalie Polynice, S. 76–77: Fotoreportage „Volle Kraft voraus"
Lutz Rohrmann: Fotos S. 13, 27, 33, 39, 42, 50, 88, 94, 96
Ronsdorfer Rockprojekt: S. 18–19: Liedtext „Fange den Augenblick" und Fotos der Gruppe Pastell
Theo Scherling: Illustrationen S. 7, 41, 56, 57, 58, 59, 65, 74
Scuola Media Breganzona: S. 82 – 83: alle Websites zum WebQuest-Projekt – mit freundlicher Genehmigung
Sony Pictures: S. 52, 53 und Cover S. 55: Sylvia Hartmann, *Mein Leben & Ich. Alex' geheimes Tagebuch* – mit freundlicher Genehmigung
Ramon Stoppelenburg: S. 70: Homepage zum Artikel „Ohne Geld um die Welt" – mit freundlicher Genehmigung
Suhrkamp-Verlag: S. 98 Gedicht „Bahnhofstück" aus: Hermann Hesse. *Die Gedichte*. Herausgegeben und mit einem Nachwort von Volker Michels, Frankfurt/M. 1992;
S. 101 „Vierzig Jahre Montagnola" aus: *Beschreibung einer Landschaft. Schweizer Miniaturen*. Herausgegeben und mit einem Vorwort von Siegfried Unseld, Frankfurt/M. 1970/1992
Schulverlag Bern: S. 10: Website und Text „Europäisches Sprachenportfolio"
A. Terglane: S. 36: Zeichnung Elch im Wald
Ueberreuter Verlag, Wien: S. 35: Text und Cover *Das Geheimnis der Dünen*, Roman von Jonas Torsten Krüger – mit freundlicher Genehmigung

Grammatik effektiv und unterhaltsam üben

Einfach Grammatik

- Situative Einführung der Grammatikphänomene
- Übungen abgestimmt auf die Niveaustufen A1, A2, B1
- Selbstentdeckendes Lernen durch übersichtliche Regeldarstellung

Grammatik Intensivtrainer A1 und A2

- Knappe Regelerklärung mit Anwendungsbeispiel
- Vielfältige Übungen und Lösungsschlüssel – auch für Selbstlerner

Infos & mehr
www.langenscheidt.de